運勢決定人生

執業50年、見識上萬客戶

資深律師告訴你翻轉命運的智慧心法

西中 務——著 洪玉珊——譯

1万人の人生を見たベテラン弁護士が教える「運の良くなる生き方」

目錄

第二章

罪

第三章

恩

第四章

德

第五章

言語

【序言】

不可思議的運勢——「幸運兒的條件」

打從我擔任律師近半世紀以來，無論什麼樣的人生大概都見識過了。我經手過的民事與刑事案件相加起來，協助過的客戶總共超過一萬人。

無論是刑事或民事案件，一旦走到需要法律諮詢的階段，大多與人生中的重大事件有關。我只是個普通人，因為擔任律師而有機會參與人們的各種重大事件，讓我在人生課題的學習上獲益匪淺。

這些經驗帶給我深刻的省思。

說起「運勢」，實在是非常不可思議的現象。

見識過一萬人的人生以後，讓我明白一件事——這個世界上，確實存在「運勢好」和「運勢差」的人。

舉例來說，**運勢差的人，總是不斷陷入情況類似的麻煩裡**。

某人遭遇困難而到我的事務所求助，等待法院的判決結果。過了一陣子之後，同一位客戶又爲了相同的困擾，再度向我諮詢。像這樣一而再、再而三爲了類似的案件而爭執不休的人，其實還蠻多的。

也不能怪我對此感到不可思議，果然只能用「運勢差」來形容這一類的人。

反過來說，另一種人則是完全相反的情況。

另一種人並非遭遇麻煩而向我求助，他們是爲了事業相關的事務來進行法律諮詢，進而**成爲事務所的常客**。**他們每次前來諮詢，其企業規模總是又再擴大一些**。

這樣的客戶，只能說他們的運勢眞是不錯。

見識過高達上萬人、數量如此龐大的客戶之後，**我已經能輕易分辨哪些是「運勢好」或「運勢差」的人**。

「運勢」確實非常不可思議，像我這樣的平凡人，當然無法參透其背後的眞正原理。然而，根據我看過各式各樣人生所累積的經驗，還是能從中學習到些許教戰守則。

一個人的運勢若能好轉，距離幸福人生就不遠了。

爲了幫助各位讀者掌握幸福，就讓我來向大家介紹運勢的不可思議之處，以及好運、壞運相關的經驗法則。

此外，本書介紹我個人歸納出的經驗法則裡，其中有許多道理出自於鍵山秀三郎先生的指教，在此深深感謝鍵山先生長期以來對我的關照。

西中　務

第一章

運

照顧婆婆長達十年卻運勢低落的媳婦

運勢是一種不可思議的現象。就讓我根據以往學習到的經驗法則，來談談一則跟運勢有關的不可思議現象吧！

即使做出非常了不起的事，運勢卻低迷不振。

聽起來很意外吧！卻是不爭的事實。

在這個世界上，即使做出非常了不起的事，卻有可能無法獲得相對應的結果。身爲律師的我十分明白這個道理，這種例子一點也不稀奇。

舉例來說，我經手過的遺產繼承紛爭案件裡，就有這麼一則實例。

某個家族裡，有一位年老的女性臥病在床，由長子的太太負責照顧長達十年以上。臥病的婆婆對此非常感激，立下遺囑將一大半的財產留給這位照顧她的媳婦。

這份遺囑卻遭到該位婆婆的親生子女們強烈反對。

我剛受理這個案件時，只覺得這是一件非常普通的一般案件。人們面對巨額財產就會湧現出欲望。亡者的親生子女繼承財產的權利受到法律保障，他們也絕對不願把遺產讓給其他人。

有鑒於此，我一開始以為這個案子只是親生子女不滿被母親冷落，不願意把財產讓給沒有血緣關係的媳婦。

沒想到，我與當事人談話過後，才發現我誤解了這個案子。

每一位親生子女都異口同聲表示，不願意把遺產讓給長媳的理由，除了出自於對金錢的欲望之外，還包括對長媳的厭惡。

其中一位親生子女坦言：「我們都承認她對母親盡心照顧。但是呢！她長久以來都擺出一副施捨恩惠給我們的態度，實在令人忍無可忍！」

每一位親生子女都懷著一份想要照顧母親的心意，現實生活中卻各自有無法親力親為的苦衷。即使如此，也沒有人喜歡一天到晚被別人擺出一副「我可是代替你們去照顧你們的母親欸！當然要感謝我啊！」的態度，必定會心生厭惡。

事實上，還有其他人對這位媳婦做出如此評論：「那個女人真討厭！她之所以照顧母親，根本只是貪圖財產而已啦！」

原來這件案子的眞相是：親生子女們對這位媳婦心懷厭惡，因此不願意把財產讓給她。

照顧臥病在床的人是非常辛苦的差事，更何況堅持長達十年以上，實在是非常偉大的付出。家屬本該心懷感激，照顧者期待獲得相對應的報酬也是人之常情。

話雖如此，一旦照顧者擺出「這可是我爲你們做的欸！」這般高傲的態度，只會使人際關係惡化，最終導致遭受家屬反對繼承遺產的結果。

說起來真諷刺吶！即使做出了不起或難能可貴的壯舉，最終反而落得不幸的下場。一切都是高傲態度惹的禍。

心裡想著「我做了很厲害的事，這可是很辛苦的欸！」便很容易擺出高傲的態度。高傲者令人厭惡，導致人際關係惡化，與好運漸行漸遠。

做出了不起或難能可貴的壯舉，也要小心別落入「高傲態度」的陷阱裡。

千萬別讓好不容易付出的努力和辛勞，成爲通往不幸人生的道路。

做人若不謙虛，好運就會溜走

如同前一篇長媳故事帶來的啓示，心態和運勢有著非常深切的關聯。特別重要的是，想讓運勢好轉，做人就必須謙虛。

我經常遇到一種客戶，明明爲了其他人做出許多好事，運勢卻一直低迷不振，過著不幸福的生活。

比方說，某位地方人士爲社區付出巨大的貢獻。這個人是當地知名的有力人士，不僅擔任地方自治會長，亦身兼學校的家長會長。這兩個職位都是沒有報酬的無給職，但他總是爲了社區鄉親們盡心盡力地付出。

某一年，這位有力人士投身參加市議員選舉。該地區只是個鄉下小鎮，當選人的必要票數只需要兩千至三千票就夠了。該位人士認爲自己具有高知名度，加上長年爲地方熱心貢獻，應該能輕鬆當選。

沒想到選舉結果出乎意料，該位人士的得票率極低，以非常大幅度的差距落選了。

這位人士向我抱怨：「完全不懂爲何竟然落選！」我卻立刻明白他落選的原因。

我處理其他案件而跟該地鄉親接觸時，發覺當地人對這位人士的評價，其實並沒有他自認爲的那麼好。

除此之外，我跟他談論選舉話題時，也感覺對方似乎有點避重就輕。

這位人士並沒有說謊，他爲地方事務盡心盡力付出，是百分之百的事實。那麼，爲什麼鄉親們對他的評價卻這麼差呢？

原因在於，他一點都不謙虛。

無論擔任地方自治會長或學校的家長會長，他的口氣和態度都流露出「我可是爲了你們，才擔任這個職務欸！」做任何事情都擺出一副高傲的架子，令周遭人們反感不已。

然而，他自己完全沒有察覺周遭對他的反感，絲毫不改一貫高傲的心態。

倘若一個人懷著高傲的心態，完全不懂得謙虛，即使做出許多好事，仍舊會招致眾人的厭惡。人際關係一旦惡化，就會產生紛爭，也得不到其他人的信賴和幫助。

如此一來，運勢便不可能好轉。

每個人都知道，無論再怎麼有能力或有勢力，也無法只靠一個人支撐起整個社會。即使如此，依然有人習慣用高傲的態度對待他人，這正是悲劇人生的一大特徵。

放下「我為你們做事」的態度，轉念為「這是給我做事的機會」，時時刻刻不忘懷著謙虛的心。

假如你為其他人做出許多好事，運勢卻低迷不振，請務必捫心自問是否忘記保持謙虛的態度。

與人相遇能改變運勢

與人相遇，往往能讓運勢產生重大變化。

曾經有一位經營運動俱樂部的客戶來找我進行法律諮詢。這位客戶竟然是因爲出車禍住院，才開啓他的運動休閒事業。

與他同住一間病房的病友，恰巧是一位運動俱樂部的營運顧問，趁機建議他自行創業。

可惜的是，這位客戶雖然很努力經營運動俱樂部，業績卻毫無起色，最終負債過多而宣告破產。

這位客戶哀嘆：「如果當初不要跟那位顧問住在同一間病房，就不會落得破產的下場了！」

這個例子顯示與他人相遇而使運勢衰敗，但也不乏相反的案例。也有人與偶然認識的人一起經營共同事業而大獲成功。

與人相遇，有可能讓運勢朝著上升或下坡的方向發展。

正因為「與人相遇」是一件很重要的事，誰都不想讓運勢因此走下坡，每個人都希望藉由他人之力幫助運勢節節高升。

該怎麼做，才能讓運勢藉由與人相遇而好轉呢？

「擁有良善的品性」正是使運勢好轉的捷徑。自己擁有良善的品性，便能吸引同樣具有良善品性的人聚集而來。擁有強大的人際影響力之後，往來相交的良善好人將逐漸增加，運勢自然水漲船高。

擁有良善的品性，能增加與良善好人相遇的機會，運勢將隨之好轉。

這就是運勢的眞理。

不可思議的同類相吸

使運勢好轉的秘訣之一，就是「**與良善好人交往**」。

身為律師，接觸過許多人之後，我發現一項不可思議的事實——「好人的身邊總是圍繞著好人」，「壞人的身邊總是圍繞著壞人」。

無論是我的客戶、或是訴訟的對象皆為如此。經常捲入紛爭事件的人們之中，往往可見藉由傷害並陷他人於不義而使自己獲利的「壞人」。進一步探查其周遭的人際關係，果然充斥同樣類型的「壞人」，這些人遲早會浮出檯面顯現原形。

另一種相反的人，則是時時關切周遭、樂意助人的「好人」。這些好人向律師進行與事業相關的法律諮詢，圍繞在他們身邊都是同樣的「好人」。這種客戶其實還蠻多的。

俗話說「近朱者赤，近墨者黑」，自從我擔任律師以來，便深刻體驗到這句話的眞實性。

與良善好人交往，身邊自然聚集同樣的良善好人。一群好人聚在一起，紛爭當然隨之減少。即使遇到困難，身邊的人都樂意伸出援手。如此一來，不僅生活順遂愉快，工作也得心應手。懷著愉悅的心情、充滿幹勁地工作，在關鍵時刻獲得必要的援助，成功自然手到擒來。

與良善好人交往，人生就能幸福快樂。

相反地，與壞人交往，聚集身邊的當然都是壞人。因此不斷捲入各種紛爭，受到欺騙和傷害更是家常便飯。精神隨時處於警戒及不安的狀態，面臨崩潰邊緣。長期懷著負面情緒，過大的壓力造成許多病痛，事業當然處處碰壁。

靠著欺騙及傷害他人的手段，即使短時間內獲得龐大利益，總有一天也會反過來被其他人欺騙及傷害，最後得不償失。

與壞人交往，終將落得不幸人生的下場。

若想扭轉運勢，請多多與良善好人來往。

這是我身為律師所觀察到的經驗法則。

不知不覺就跟竊盜集團混在一起

爲什麼同類型的人會聚集在一起呢？

接下來分享的故事實在太玄妙，讀者們看了或許會懷疑「這是眞的嗎？」這是我的親身體驗，連我自己都感到不可思議，卻是千眞萬確的事實。

四十多年前，我只是個菜鳥律師，接到的委託案件少得可憐，老實說經濟狀況實在非常拮据。當時因緣際會之下認識一位房屋仲介，他熱心爲我介紹的工作竟然是——

幫竊盜集團辯護。

身爲律師，無論委託人是犯罪加害者、或是可憐的被害者，都必須同等盡責代表客戶爲其辯護。

司法制度一定會替犯罪者提供辯護律師，除了維持判決的公正性以外，最終目的是爲了降低社會中的整體犯罪率。對於每一位律師而言，這樣的制度理念屬於職業常識，我對此也十分認同。

因此，我完全不排斥接受竊盜集團的委託。何況當時手邊的工作量不多，我非常樂見增加新客戶。向客戶收取案件委託訂金，爲其辯護，成功爭取判處緩刑，再收取案件尾款，頓時解除我的經濟危機。

這個案例之後，那位房屋仲介替我介紹另一位客戶，居然又是竊盜集團份子。隨後陸續介紹給我的工作，每一件都是竊盜相關的委託。

事情發展到這一步，我也不禁感到奇怪。深入調查後，發現那位自稱房屋仲介的人，其實是竊盜集團的老大。

正如上述所言，客戶就是客戶，即便竊盜集團也需要辯護律師。身爲律師，就算經手的案件全都與竊盜有關，也毫無不妥之處。

在此之前，我完全不認識任何參與過竊盜犯罪的人，卻在不知不覺中跟竊盜集團混在一起。周遭的人際關係產生如此重大變化，讓我驚訝不已。

我被竊盜集團圍繞的起因，竟然只是因爲認識了一個人罷了。

照這個情況看來，似乎有愈來愈多竊盜份子聚集到我身邊。

當時我已經接受十件以上的竊盜辯護案，不知從何時開始，我被冠上「竊盜專用辯護律師」稱號。衝著這個稱號，那位自稱房屋仲介、其實是竊盜集團老大的男子，又從其他地區爲我介紹更多竊盜辯護案件。

我在不知情的情況下結交竊盜老大，進而迅速認識更多竊盜份子，人數還不斷地擴大增加。

即使認識那麼多竊盜份子，我從來不曾想要加入他們，也不認同竊盜集團這樣的職業犯罪。我只限於在律師的工作範圍之內與他們接觸。

假使順勢成為「竊盜專用辯護律師」，我也不認為自己會陷入不幸的人生裡。

不過呢，當時的我還很年輕，不想就這樣成為專門接受竊盜之類的特定案件辯護律師。我希望透過處理各種不同案件，來增加自己的實力，便果斷拒絕陸續上門的竊盜辯護委託。

從那時起，我再也沒有接受過任何與竊盜相關的案件。假設當時的我沒有拒絕，現在說不定已成為日本最權威的竊盜辯護律師哩！這是十分有可能成真的情況，而一切的源頭，全是因為我偶然認識一個人。思及至此，不禁感嘆人際交往實在太不可思議了！

同類相聚。

這是千眞萬確的事實。請各位讀者多與能夠帶領自己邁向幸福的人們交往。

律師深知壞人的下場

做了良善好事，運勢就會隨之好轉。

這是自古流傳至今的道理。俗話說「做善事不是爲了別人」，指的就是這個意思。

然而，現代年輕人常把這句諺語誤解成「不要隨便同情或幫助他人」，完全弄反了原本的意思。

不要因爲其他人才做好事，而是必須爲了對得起自己的良心去做。我們對其他人伸出援手，福報最終將回歸到自己的身上。

「爲了對得起自己的良心而善待他人」才是這句諺語眞正的意義。

換句話說，幫助他人，自己的運勢也將隨之好轉。

根據我的經驗法則，這項說法十分正確。

或許有些讀者質疑：「現實生活才不是這樣呢！」

雖然諺語教導我們要幫助他人，但現代社會經常可見有錢有勢的人，反倒是做盡壞事之人。

靠著狡詐獲得成功的人確實不在少數。這種人好大喜功、揮霍成性，成為受人矚目的焦點，大眾誤以為社會上的成功人士似乎全是這一類型的人。

一般民眾只聽說這種人有多麼功成名就，卻不知道他們的下場，因而產生這種誤解。

律師恰恰與一般民眾相反，我們看盡世間許多下場悽慘的例子。

每當遇到與法律相關的紛爭，便需要律師出馬協助。大多數的紛爭結局都不太好，只有少數案例能夠和平落幕。

一般民眾只聽聞成功人士的故事，律師卻深知失敗人士的案例，當然也非常清楚靠著狡詐獲得成功之人的下場。

至於靠著狡詐獲得成功之人的下場如何，我的結論是——

靠著做壞事獲得的成功無法長久，很快就陷入不幸的深淵。

由於事業失敗而向律師進行法律諮詢的人們之中，有許多人不久之前還是風光的成功人士。他們絞盡腦汁囤積大筆財富、好不容易出人頭地，這種成功卻難以持久，旋即垮台失敗，被逼到走投無路。

身為律師，實在看過太多這種案例了。

俗話說：「法網恢恢，疏而不漏。」

這句話告誡我們，神明在人們無法觸及之處觀看世間的一切，無論做任何壞事，都會遭受上天的懲罰。

藉由做壞事獲得的成功只是曇花一現罷了。眞正的幸運不會在短時間之內顯現，要從長遠的眼光來看才能知曉。

我身爲律師，看盡藉由壞事獲得成功之人的下場，進而歸納出上述的感想，讀者們可別鐵齒不相信這個道理。

只顧著自己的願望，就會讓運勢變差

某年一月，報紙刊載一則這樣的廣告。

「大聲說出你的欲望來許願吧！」

這句話之後，緊接著一連串各式各樣的願望。

「飛黃騰達」、「全家平安」、「生意興隆」、「金榜題名」、「子孫滿堂」、「天賜良緣」、「身體健康」、「學業進步」、「告別單身」、「出人頭地」，最後則是「樂透中獎」。

上述條列出來的願望，全部都是自己的個人私欲。

這樣無法讓運勢好轉喔！

人類無法只靠一己之力生存，一定得和其他人共同合作才能存活，只顧著爲自己許願的人，不會受到幸運的眷顧。

這樣的作爲屬於道德上的缺失。

簡單地說，道德缺失就是造成其他人困擾的行爲與態度。**造成別人的困擾將損害運勢，強烈的欲望正是最典型的表現**。

這個世界上過於盛行資本主義的結果，導致「想要這個、也想要那個」之類的廣告泛濫成災，希望讀者們不要被這些廣告牽著鼻子走。

倘若無法堅持意志，運勢就會在你不注意的時候悄悄溜走。

操控他人將導致運勢下滑

不知不覺中，運勢竟然悄悄地下滑。

一旦察覺這個現象，請趕快回想自己是否做出導致運勢低落的事情。

常見的情況是，**自己對其他人產生誤解，導致運勢滑落**。

由於人類的思慮不周，往往沒有發現自認爲正確的事情，對其他人來說卻不一定是對的。

這種誤解正是導致運勢滑落的原因之一。

我曾經有過這樣的經驗。

很久以前，太太曾經一連好幾天很晚才回家。當時太太擔任孩子學校的家長委員，連續參加數場親師座談和活動慶功宴，每天晚上十一點左右才回家。

我忍不住對太太抱怨：「你不能這麼晚才回家！不但很危險，也給孩子做出不良示範。若被孩子看到媽媽在深夜街頭喝醉酒不知檢點的模樣，對家庭教育是一大傷害！從今以後你必須在晚上十點之前到家，這是門禁！」

我自認爲這樣的要求是爲了大家好，但我錯了。

從那之後，每天晚上我都很在意太太是否十點之前到家，整晚坐立不安。快要接近十點的時候，我開始生氣，即使太太只比十點晚了一些到家，我也暴跳如雷。我經常對晚歸的太太怒吼，夫妻感情降到冰點。

我以「對孩子的教育有害」爲由，爲太太制定門禁時間。但這種做法導致父母感情破裂，對孩子的教育造成更大傷害。

我察覺到這一點，就取消門禁了。我的心情隨之恢復平靜，夫妻感情再度回溫。

仔細想想，太太並非於深夜街頭遊蕩玩耍，而是出席難以推辭的應酬才晚歸。

我卻單方面認定太太「不知檢點」，擅自做出根本沒必要的規定。沒必要的規定不僅操控他人，也反過來操控自己。無法維持平靜的心情，就沒辦法把事情處理得當，運勢自然隨之下滑。

人們在無意識的情況之下，很可能對某個人做出侵犯舉動，導致運勢滑落。即使發自內心自認爲是對的，擅自打著正義的名號對其他人制定沒必要的規定，就會讓運勢走下坡。請各位讀者小心別落入這樣的處境。

兒子的好運

人生在世，偶爾打從心底感嘆：「世界上確實存在運勢這回事啊！」

這是二十多年前的實例。某天我提早下班回家，當時還是小學生的二兒子正在睡覺。我看見他的頭上纏著繃帶，驚嚇之餘趕緊詢問太太發生什麼事。

當天二兒子與他的朋友帶著高爾夫球球棍出門遊玩，兩人互相揮舞球棍，朋友不小心拿著球棍打到二兒子的眼睛。嚴重的傷勢嚇壞眾人，趕緊將兒子送往醫院急救。

「幸好只傷到眼皮。如果距離再近一點，或對方拿的球棍再伸長一點，就會直接打到眼球導致失明。差一點可能造成頭蓋骨骨折，如此一來就有生命危險。」

聽到醫生這麼說，太太總算鬆了一口氣。

想到兒子差一點失明或喪命，嚇得我冷汗直流。

我眞切體悟到，兒子被上蒼救回一命的運氣實在是太好了！

我不禁想著：「到目前爲止，我們一定曾經有過因爲運氣好而撿回一命的經驗，只不過我們沒有察覺罷了！」

儘管我在職場上能夠明顯看出運勢好壞左右著客戶人生的發展；但只有在自己的家人遇到危險情況時，才眞正強烈感受到運勢的存在。

我們今天能夠健康地生活，全靠著運勢的庇佑。

這種不可思議的運勢難以察覺，讀者們可別輕忽囉！

召喚好運的秘訣是「感到苦惱的那一方做出改變」

有幾種方法能夠扭轉運勢。

最簡單的方法就是不要與人產生紛爭。

我長年擔任律師，處理過堆積如山的紛爭案件。坦白說，律師這一行就是靠著處理紛爭案件吃飯的。

身爲律師的我敢斷言，紛爭事件完全沒有任何好處。

因爲**紛爭造成運勢低落**。

我對每一位前來諮詢的客戶，必定勸導他們避免捲入紛爭案件。

律師雖然靠著處理紛爭賺錢，但我深知紛爭將導致客戶陷入不幸人生，因此一定會出聲阻止。

該怎麼做，才能避免產生紛爭呢？我歸納出一些避免紛爭的經驗法則。

就以「讓另一半停止外遇」爲例子來說明吧！

發現丈夫外遇而向我諮詢的太太們，大多會問：「我該怎麼做，才能讓老公停止外遇呢？」

無論太太使出任何手段，都無法讓丈夫停止外遇。即使太太發怒、哭泣、聽取一大堆人的意見，依舊無法阻止丈夫外遇。

外遇就是這麼一回事，我建議客戶：「不管你做任何事，都很難讓丈夫停止外遇。他就是喜歡搞外遇，才不會這麼簡單輕易放棄。你丈夫不會爲了外遇感到苦惱，根本不可能主動改過。」

太太失望地說：「難道我只能放棄嗎？」

我回答：「沒這回事！還有其他方法。」

太太露出「咦?」的疑惑表情，我趕緊與她分享經驗法則：「對外遇感到苦惱的人是誰?不是丈夫，而是太太。因此，只要太太做出改變，表現得跟以往不一樣就行了。既然您對這件事這麼苦惱，何不先從改變自己的態度開始呢?」

太太聽從我的建議，回顧以往對待丈夫的態度，也發現自己的缺失。

丈夫工作一整天，疲憊地回到家，太太卻回敬冷言冷語：「辛苦的人不只是你，我也很累!」

太太全神貫注照顧小孩，完全不關心丈夫。諸如此類把丈夫越推越遠、導致丈夫最後忍不住尋求外遇的行爲，在許多太太的身上屢見不鮮。

「就算是死馬當活馬醫，您何不試著改變看看呢?」

太太們聽取我的建議，一改對待丈夫的態度之後，大部份的丈夫就停止外遇了。

其中一位太太，氣不過丈夫外遇晚歸，乾脆把家門反鎖，讓丈夫有家歸不得。

「把你鎖在門外眞是對不起唷！外面很冷吧！」

聽到太太道歉，丈夫趕緊說：「不不不，是我不對，請你原諒我。我再也不敢了！」立刻斬斷外遇關係。

處理外遇的秘訣就是：由感到苦惱的那一方先做出改變。

這種思考方式不僅適用於外遇案件，也可套用於避免產生各式各樣的紛爭。

想要避免紛爭，請感到苦惱的那一方先改變心態。

趁著紛爭尙未損害運勢之前，請務必試試這個方法。

運勢寫在臉上

運勢寫在臉上。

聽起來似乎不可思議，根據我的經驗，這可是千眞萬確。

我是律師，不是算命師。我在職場上看盡許多人的人生際遇，長年累積的經驗讓我能夠分辨人們的運勢好壞。

運勢既沒有科學根據，也與法律無關。但我看過那麼多人的氣質樣貌，大致能夠分辨：「這種人大多運勢不錯」或「這種行爲常導致運勢變差」。

我的經驗法則之一是「觀察某個人的臉，大概就能明白對方的運勢好壞。」套用算命師的說法，確實有「福相」這麼一回事。

運勢好壞屬於算命師的領域，涉及人生重大事件才是律師的業務。不過律師當久了，多少也能像算命師那樣看出一個人的運勢走向。

我發現自己具有這個能力的時候，還在自己經營的個人事務所工作，尚未加入目前所屬的法律事務所。

當時我的個人事務所位於大阪法院的隔壁大樓裡。那棟大樓的承租戶大多是跟我一樣的律師事務所，簡直就像律師們的專屬大樓。

某天我趁著工作空檔休息一下，從窗戶向下俯瞰街景。路上行人偶爾走進我們這棟大樓裡，有些行人則經過我們這棟大樓之後，進入隔壁棟大樓。我一邊眺望行人的動向，一邊注意到一件事：

「喔！又來了一位行人。這個人不一樣，他不會走進這棟大樓……看吧！他果真過門不入。他身後的那位女士，八成會走進來……，她果然是我們這棟大樓的客戶！」

我看著街上的行人，靠直覺判斷他們是否會走進律師大樓裡。反正我只是忙裡偷閒讓腦袋休息一下，猜中與否完全無所謂。然而不可思議的是，我幾乎都猜對了！可說是百發百中。

我心想：「這個遊戲眞有趣！改成猜猜隔壁的客戶吧！」

當我猜測行人是否爲隔壁大樓的客戶時，一開始幾乎都猜錯。持續猜測一段時間之後，漸漸就都猜對了。大約經過十分鐘，便達到百發百中的正確率。

這個結果讓我感到頭皮發麻。

我知道自己能夠靠著直覺猜對進入我們律師大樓的人。平常看多了向我諮詢的客戶，會走進這棟大樓的同樣也是有法律諮詢需求的人，大家散發出來的氣質都差不多。

我卻不明白，爲何也能依靠直覺猜對走進隔壁大樓的人？明明這些行人都是未曾謀面的陌生人，也不知道他們的目的，爲什麼我能一眼分辨出來呢？連我自己都驚呼不可思議：「難到我有超能力？」

當然不可能啦！一定有其他的原因。我認眞思考著，再度把視線投向路上的行人。

此時我注意到一件事——我們律師大樓的客戶和隔壁大樓的客戶，臉部表情出現非常明顯的差異。

律師大樓的客戶大多掛著陰沉的表情，瞪著雙眼一副心事重重的樣子。

這個差異讓我恍然大悟，律師大樓的客戶幾乎都是爲了離婚或不當解雇的官司而來，這些上法庭處理紛爭的人，自然流露出這種表情。我基於職業的關係，非常理解這些人的心情，當然也認爲他們的陰沉表情是很自然的情緒表現。

相對地，隔壁大樓的客戶都帶著沉穩的表情，明顯散發出一派溫和的氣質。

我很好奇這些都是什麼樣的人，探頭一看隔壁大樓的招牌，原來是某個志工團體的辦事處。

如此看來，隔壁大樓的客戶很可能都是熱心服務人群的志工，他們有著寬大的心胸，因而顯露出福泰的表情。

這兩棟大樓客戶的表情如此不同，使我的猜測正確無誤。

從這一天起，我便非常注意往來人們的表情。一臉福相的人，果然都擁有運勢極佳的人生。

運勢好壞全寫在臉上。

即是不是算命師，身爲律師的我也明白了這個道理。

成功得靠運勢

我長年擔任律師，看遍許多人的成功與失敗之後，歸納出的心得之一就是——**成功得靠運勢**。

這個道理不僅適用於現代社會，更是古今通用的事實。

最近喜歡歷史的年輕人愈來愈多，起源於以歷史爲題材的電動遊戲與漫畫蔚爲風行。年輕人對許多歷史事物產生興趣，其中以《三國演義》最廣爲人知。《三國演義》有一句名言：「謀事在人，成事在天。」

這句話出自於中國三國時代的天才軍師諸葛孔明。他精心策畫攻打敵人的策略，眼見成功在即，卻因天降大雨失敗了，失望的孔明忍不住仰天長歎。

這句話的意思是「人制定計畫，成功與否則端看天意。」

《三國演義》以中國歷史爲根基，由後世的人們添加許多劇情撰寫而成，書中的內容並非全部都是事實。然而，諸葛孔明的這句話卻透露出世間運作的眞理。

老實說，我自己也曾經遇過與諸葛孔明同樣感慨的經驗。

不久之前，我幫某位政治人物站台助選。我認爲推動日本社會進步，首先必須改善政治。

我希望多少能夠改變這個充滿私利私欲的社會。

當時的我認爲，從政治方面著手是改變社會最快的方法。

因此我選定一位「看似大有作爲」的政治人物，自願擔任他的後援會會長。

這位政治人物是我的國中校友，畢業於哈佛大學，各方面都非常優秀，我很期待他在政壇上大顯身手。

我在能力所及範圍之內，盡可能在物質、資金、甚至勞力上支援他。他也不負眾望當選國會議員。

當上國會議員之後，這位政治人物進一步出任重要部會的副部長，並即將進入內閣成爲主要閣員。

「照這個情況看來，這位政治人物確實對日本社會發揮影響力，一定能爲國家做出貢獻。」當我爲了達成目標而歡欣鼓舞時，這位政治人物竟然罹患癌症驟逝了。我長年以來的期望就此落空。

這個經驗讓我深刻體會到，謀事必須依靠運勢的加持方能成功。

現在回想起來，我把希望寄託在單一個人的身上，期待從政治來改變社會，還眞是不切實際。

或許正是我當時自以爲是的想法，才招致這般不幸也說不定。

人無法決定命運。

我們所能做的，唯有接受「世間有一股不可思議的存在左右著運勢」這個道理。

七項心法與六大重點

本書目前爲止介紹的內容，主要是運勢的不可思議之處。除此之外，我也從過往經驗學到許多與運勢相關的心得。

依照我的經驗法則分析運勢的不可思議之處，得到以下七項共通要素——**感謝**、**報恩**、**利他**、**慈悲**、**謙虛**、**品德**、**天命**。

我根據長久累積的經驗，以更簡單明瞭的方式來解說運勢：

天命即「運勢」，明白這個道理，做人更加謙虛；

感受「恩惠」，懂得報恩與感謝，知恩之人自然也是謙虛之人；

明白自己「罪孽深重」，隨之湧現感謝、報恩、謙虛的態度；

利他與慈悲皆與「品德」相關；

經由「善行」與「言語」來展現品德。

綜上所述，根據我的經驗法則，總結出**運**、**罪**、**恩**、**德**、**言語**、**善**六大重點。

本章已討論「運」的不可思議之處，之後的章節將分別說明罪、恩、德、言語、善等五項主題。

第一章重點整理

- 運勢是非常不可思議的現象。
- 運勢差的人，總是不斷陷入情況類似的麻煩裡。
- 有些人，只能說他們的運勢眞是不錯。
- 能輕易分辨哪些是「運勢好」或「運勢差」的人。
- 即使做出了不起的事，運勢也可能低迷不振。
- 了不起或難能可貴的壯舉，隱藏著「高傲態度」的陷阱。
- 做好事卻運勢低落，請反省自己是否忘記保持謙虛。
- 與人相遇，往往能讓運勢產生重大變化。
- 若想扭轉運勢，請多多與良善好人來往。
- 同類相聚。
- 多做好事能提升運勢。
- 藉由做壞事獲得的成功無法長久。

- 造成別人的困擾將損害運勢。
- 強烈的欲望招來不幸。
- 誤解他人將導致運勢滑落。
- 今天的健康全拜運勢所賜。
- 紛爭造成運勢低落。
- 想要避免紛爭，請感到苦惱的那一方先改變心態。
- 運勢寫在臉上。
- 成功得靠運勢。
- 幸運兒的七項心法，分別爲感謝、報恩、利他、慈悲、謙虛、品德、天命。
- 西中律師的經驗法則歸納出運、罪、恩、德、言語、善六大重點。

第二章

罪

雖然不是犯罪，但道德上的罪惡造成運勢低落

身為律師，遍覽超過一萬名客戶的人生之後，得到的感想是「與人產生紛爭，一點兒好處也沒有」。

原因在於**紛爭造成運勢低落**。

贏得訴訟得到大筆金錢，並不會使運勢低落。然而，靠著紛爭獲得的金錢，很快就一毛不剩。我身為律師，看過無數次這樣的大起大落。

根據我的經驗法則，避免紛爭才是上策。

從前，我也曾經誤以為人們只要遵守法律就不會產生紛爭。

但我錯了。

「在法律範圍之內，想做什麼都沒關係」的想法，正是產生紛爭的主因。

我想在本章討論的主題並非「法律上的犯罪」，而是「道德上的罪惡」。法律上的犯罪，即違反六法全書記載的規定。例如：殺人、竊盜等這種一般人不會犯下的罪行。

反觀**道德上的罪惡，雖然沒有違反法律，卻是對其他人造成困擾的罪惡**。只要自己得到好處，就不顧他人的感受而任意行事，更藉此獲得金錢、社會地位與名聲。

人們往往犯下道德上的罪惡卻不自知。以考試或求職爲例，偶爾出現一個人同時獲得好幾份錄取通知的情形。自己明明只需要一份錄取通知就夠了，卻同時佔據好幾個錄取名額，阻礙其他人被錄取的機會。

我在學習「道德科學」（Moralogy）時，才開始注意這種人們在不知不覺之間犯下的道德罪惡。道德科學由法律學者廣池千九郎教授提出，是一項專門探討道德議題的科學研究。

道德科學認爲，人生而在世，難免犯下道德上的罪惡。比如一天三餐剝奪了肉類、魚類與蔬菜的生命。每日往返通勤亦是如此。建設鐵路或道路的過程中，一定有人喪命於工程意外。倘若沒有這些人的犧牲，我們便無法順利前往目的地。

進一步而言，每個人都享受太陽與大自然的恩惠，才得以存活。可以說，我們生活當中的一切全都依靠某些人事物的「庇蔭」也不爲過。道德科學稱呼這種庇蔭爲「道德上的負債」，**若把道德上的負債丟著不管，運勢就會走下坡。**

我們若能注意道德上的罪惡，隨時保持一顆感恩的心，即可防止運勢下滑。

與人產生紛爭，一部份的原因出自於沒有意識到道德上的負債。明白自己的生命是由於許多人事物的犧牲才得以延續的事實，當有人對我們造成困擾時，若能轉念思考「都是互相的啦！」就不會興起與人爭執的念頭。

不與人產生紛爭，留心道德上的罪惡，感謝各方賜予的恩惠，便能償還道德上的負債。

做到這一點，就能向不幸說再見，好運隨之而來。做不到的話，厄運可是會接連上門喔！

爲了證實這個道理的眞實性，以下就以我親身經歷過的例子來說明吧！

「不與人紛爭」是律師的基本功

「盡量不要與人產生紛爭」是律師的基本功，這句話聽起來應該出乎各位讀者的意料之外吧！

律師靠著上法院處理離婚、宣告破產、繼承遺產等各種紛爭來獲取高額報酬。若不想涉足這些紛爭，頂多只能賺取微薄的諮詢費，幾乎沒什麼利潤可言。

許多人因此認爲律師會鼓勵客戶積極與人一爭高下，但事實並非如此。

律師們的心裡其實非常清楚，避免捲入紛爭才是上策。

無論是法官、檢察官、律師，只要與法律相關的職業，就必須通過司法考試。通過司法考試之後，進入司法研修所繼續研習，接受成爲法律專家的實務訓練。

根據司法研修所的培訓內容，處理紛爭最好按照以下的順序進行：

一、靠談判解決；

二、即使上法庭，也盡量和解。

換句話說，司法研修所認爲解決紛爭最好的方式就是避免打官司。

或許有些讀者認爲：「西中律師叫大家不可以打官司。」這誤會可大囉！我的意思是，打官司是最不利於客戶的最後手段。

一旦上法庭打官司，無論結果是贏是輸，只會讓人留下怨恨的情緒，因此是最不利的最後手段。

我的父母曾經教導我：「不要招人怨恨。被人怨恨的話，對方就算到了另一個世界，也一直想要扯你後腿找你報復。」

不可思議的是，不少人打贏官司之後，卻陷入不幸的泥沼裡。我見過許多企業勝訴後旋即破產倒閉、周轉困難導致支票跳票、老闆出車禍等各種慘例。

這些案例往往都是招人怨恨，導致運勢低落所致。

紛爭只會徒留怨恨，致使運勢低落。

請大家千萬別忘了這個道理。

妻子若心懷感恩，丈夫也會心懷感恩

捲入紛爭將招致不幸，避免紛爭則受到幸運的眷顧。

我來分享一則避免紛爭而好運降臨的故事吧！

某一年的炎熱夏日，有一位女士向我諮詢離婚事宜。

這位客戶的丈夫任職於土木工程公司，嗜好喝酒而每天晚歸，導致夫妻感情破裂。前來諮詢的這位太太，每當丈夫回家時總是怒氣衝天，氣到不肯爲丈夫準備晚餐。

我勸她：「離婚不是好事，要不要再考慮一下呢？」客戶表示再也無法忍耐，堅持一定要離婚。這位女士對我一口氣訴說許多不滿丈夫的抱怨之後就回家了。

沒想到的是，一個月過後，客戶依約再度前來事務所，她的心情卻出現一百八十度轉變。

客戶一臉平靜地說：「現在情況不同，我決定不離婚了！」她接著向一臉震驚的我娓娓道出事情的緣由。

這位女士搭乘電車回家的途中，偶然在車窗外看見丈夫的身影。盛夏酷暑的大熱天裡，丈夫身穿工作服，正在進行挖掘馬路的工程。即使厚重的衣服已經被大量汗水濡濕變色，丈夫依舊一邊揮汗一邊專心工作。

太太心想：「哎呀！老公眞是太辛苦了！每天都這麼努力工作。」

親眼目睹丈夫的勞動身影，太太才初次驚覺原來丈夫的工作如此艱辛。正因爲丈夫從事這麼辛勞的工作，才得以維持他們的生活。

太太不禁反省：「我竟然不知感恩，實在太過分了！」

那天夜晚，丈夫依舊在外喝酒，很晚才回到家。太太卻一點兒也不生氣。

在那麼炎熱的夏日裡，揮汗如雨工作過後，想在回家的途中喝一杯冰涼的啤酒也是人之常情。思及至此，太太便諒解丈夫晚歸的行爲了。

太太一改先前的態度，溫和地迎接回到家的丈夫，慰勞他：「辛苦你了！」

翌日，先生竟然沒有去居酒屋喝一杯，而是直接回家，甚至對太太說：「很抱歉之前每天晚歸。從今以後，我會盡量改過。」

由於太太先改變對待丈夫的態度，連帶丈夫也跟著改變對待太太的態度，避免一場夫婦紛爭的離婚官司。

前一陣子，我遇到許久不見的這位女士。從那時起，他們就過著夫妻感情融洽的幸福美好生活。

夫妻感情惡化的原因，往往並非只有一方犯錯，而是雙方都有問題。

若能留意對方爲家庭的付出，或發現自己對家庭造成的困擾，自然就會湧現感恩的心情，便能避免產生紛爭。

感謝對方的付出，就能避免紛爭。

這對夫妻的例子，由於太太的感恩之情而避免紛爭，爲家庭招來好運。

爭奪遺產會遺恨人間而使好運溜走

接下來分享的實際案例與上一則相反，說明紛爭如何導致運勢低落。

我處理過的遺產紛爭案件裡，從運勢的好壞角度來看，這是個非常典型的例子。

這個案件的客戶是一位小鎮上的工廠老闆，爲了繼承祖母的遺產而捲入紛爭。

祖母原本持有一部份的工廠資產，祖母過世之後，這位客戶和姑姑具有同等繼承權，因此產生紛爭。

問題在於工廠內的土地。祖母持有剛好位於工廠出入口、大約兩百坪的土地，姑姑則主張她和工廠老闆具有同等繼承權。

根據法律，這位客戶和姑姑分別具有這份土地的同等權利。

由於祖母並未立下遺囑，便由法定繼承人來繼承遺產。姑姑身爲死者的孩子，爲法定繼承人。客戶的父親身爲死者的孩子，也同樣具有繼承權；但父親已經過世，繼承權便落到身爲孫子的該名客戶身上。這種情況稱爲「代位繼承」。

也就是說，有問題的這片土地，客戶和姑姑各自具有一半的繼承權利。

客戶站在經營工廠的立場，若把一半的土地讓給姑姑，就無法使用出入口。因此姑姑提議，把土地全部讓給這位客戶也無所謂，只要他支付相對應的金額即可。

然而，姑姑以瞧不起人的態度表示：「你很想要這片土地吧！想要的話，就花錢跟我買呀！」一開口便要求高於周遭地區兩倍的價錢。

我身爲客戶的代理人，想盡辦法說服姑姑卻徒勞無功。

最後，客戶只好咬牙苦撐經營工廠，支付遠超出行情的金額，總算保住了土地。

幾年之後，客戶告訴我：「那場紛爭過後沒多久，姑姑就過世了。畢竟她的年紀也不小了。這件事之後，我幾乎與姑姑家斷絕往來。某天，姑姑的長子突然打電話向我借錢，原來他挪用公司的公款，被公司警告『不還錢的話就上法院告你！』，他那厚顏無恥的態度，眞讓我看傻眼。我當然拒絕借錢給他。」

繼承遺產的紛爭將導致運勢低落，甚至禍延子孫。

請各位盡量避免捲入紛爭，否則運勢會走下坡喔！

無意間犯下的道德缺失

即使不是犯罪，但以道德的角度而言有所缺失，便屬於道德上的罪惡。

人生而在世，難免在無意間對某些人做出不好的事情，雖然在刑法上不構成犯罪，難道我們能夠主張這種行爲一點罪惡都沒有嗎？

無意間傷害別人的人，或許自認爲：「我又不是故意的。」

另一方面，遭遇悲慘情況的人當然會這麼想：「如果那個人在那時候，沒有對我做出這種事情的話……。」

想像一下別人的行爲使自己遭遇悲慘情況，就能明白這種心情。即使不是刑法上的犯罪，但以道德角度來看，也算是「罪惡」的一種。

回想我自己的過往，也有幾次這樣的經驗。

舉例來說，當年我參加二所大學的入學考試，分別被這二所學校錄取。我最終選擇就讀大阪大學。由於我被錄取，造成另外一人落榜。我白白浪費了另一間學校的錄取名額。假如我不占用錄取名額，另外一人就不會因爲落榜而陷入悲傷痛苦的不幸人生。

我報名大學入學考試之前，早已知道即使被二間學校錄取，也只能選擇其中一間就讀。也就是說，我一開始就打算犧牲其他人來成就自己。

除此之外，我成爲律師之前，曾經擔任好幾年上班族。當初應徵工作時，也發生過同樣的情況。

經歷求職面試，我被二間公司錄取，最後當然只能選擇一間公司就職。當時的我也迫使某人承受不必要的犧牲。

有人安慰我：「別想太多，你推辭另一間公司的錄取通知，自然會有候補人選接受那個職位。」但這種安慰詞也無法改變其他人接到落選通知時的失望悲傷。搞不好因爲這樣，造成其他人決定進入並非理想中的學校或企業。

只想著自己，打算贏得二份錄取通知，是一種自私的想法。

這就是道德上的罪惡。

每個人都曾經犯下這種罪惡，不能因爲大家都這麼做，就認爲這樣不算有罪。

即使不是刑法上的犯罪，最後也必須以其他形式來贖罪。

若想讓運勢好轉，首先必須償還道德上的罪惡。

這是我見識過一萬人的人生之後所獲得的經驗法則。

難以察覺道德上的罪惡

「道德上的罪惡」的特點，就是難以察覺。

有時我們自以爲的好事，反而是一種罪惡，這種情況屢見不鮮。

我擔任律師以來，目睹許多人生重大場面。見識各種事件之後，發現人們在生活當中無意間就犯下許多罪惡。

我也曾經做出自以爲的好事，卻讓其他人陷入不幸的泥沼。

距今大約五年前，我的事務所對面新開了一間拉麵店。我想幫這間店拉抬人氣，便向前來我們事務所提供的免費開放空間「Ethos Station」（詳情請見第二三一頁，第六章第四節）參加活動的人發放拉麵店的半價優惠券。

來參加活動的人很多，新開幕的拉麵店一炮而紅，客人絡繹不絕。

我滿足地想：「我的幫忙奏效了，店家一定很開心！」

沒想到不久之後，附近的拉麵店卻關門倒閉，原來新開幕的拉麵店把客人都搶走了。

我一開始完全沒有預料到這種結果，但我確實幫助新開幕的拉麵店搶走舊店家的客人。

每個人多多少少都曾經歷像這樣在無意間給別人帶來困擾、甚至造成不幸的事情。

倘若不設法償還無意間犯下的罪行，就無法扭轉運勢。

請各位讀者別忘了這個道理。

自私自利而犯下的道德罪惡

過度自私自利，也屬於道德上的罪惡，將導致運勢低落。原因在於為了追求自己的欲望，而不顧他人的感受。

我擔任國會議員的後援會會長期間，體認到社會上受到自私自利誘惑的人還眞多。

爲了一己之私，利用國會議員的權力來找我幫忙的人簡直源源不絕。

想送父母去養老院，但候補名單大排長龍，希望我幫忙安排早點入院。

想進入以特殊療法聞名的醫院看診，因病床不足無法住院，希望我幫忙插隊。

希望我幫他們的孩子介紹好工作。

等不及政府單位的辦事效率，希望我幫他的公司趕快搞定行政手續。

像這樣來找我商談的地區選民多不勝數。

希望我幫忙插隊的請求，「插隊」這件事本身不構成犯罪。然而，只顧著把自己的順位提前，對那些被插隊的人造成困擾，絕對不是一件好事。從神明的角度來看，就是一種罪惡。

不少人認為，為了自己的利益，愛怎麼做就怎麼做，總之不構成犯罪就好了。只要不牴觸法律，就不會遭受刑罰。若能從中獲得利益，就賺到大發囉！

這麼想的人，卻忽略一件事——這種作為有損運勢。

我身為後援會會長期間，從來沒有利用國會議員的權力來解決自己的問題。深知這一點的太太對我說：「你能這樣堅持真了不起！」

過往的經驗讓我明白，這種事情即使不是真的犯罪，也屬於罪惡的一種。

自私自利導致運勢低落。

請各位讀者切記這一點，別讓運勢走下坡囉！

行事狡詐的後果將反噬到自己的身上

道德上的罪惡使運勢低落，這個法則的效力實在非常強大。

舉例來說，**靠著算計別人、行事狡詐的方式生活，厄運最終一定會反噬到自己的身上。**

世界上不乏靠著狡詐手段獲得利益之人，他們看似獲利的表面其實只是一般人的錯覺罷了。

我曾經遇見許多個性狡詐又喜歡算計的人。這些人靠著鑽法律漏洞累積財富，而且不需面對任何刑罰。

然而，短時間內靠著狡詐手段獲得利益，遲早一定陰溝裡翻船。我見過的每一位狡詐之徒，全是這種下場。

我雖然不是這種狡詐之徒，我卻擁有與他們相同的經驗。

四十多年前，我的個人事務所剛開幕不久。

當時事務所的經費嚴重短缺，不得不勒緊褲帶過活，因此我做了一件非常惡劣又可恥的事。

嚴格來說，這件事有詐欺的嫌疑。身爲律師把這件事公告周知，眞是丟臉丟到家了。不過呢，這已經是四十年前的事，早已超過追訴時效，現在說出來就當作我個人誠心懺悔的告解吧！

我必須坦承，我的事務所沒有支付日本廣播協會（NHK）的費用，而且未曾因此受到懲罰。

NHK職員前來事務所收費時，我表示：「這裡沒有安裝電視。」並拒絕付費。NHK職員一臉狐疑地追問：「眞的嗎？」我態度強硬地堅稱：「我們眞的沒有安裝電視！」

NHK職員沒有進入屋內確認是否安裝電視的權力，我利用這個漏洞來唬弄他。

我因不想付錢而說謊，這實在是非常差勁的做法。比起「不喜歡NHK，所以不想支付收視費用」更加惡劣。我為了自己的利益而欺騙他人，很有可能構成詐欺罪。

當時的我面臨事務所慘澹經營的窘境，因而做出這般不知羞恥的事。反正不用擔心被調查，我認為這種謊言不可能被拆穿。

然而，這種醜惡又羞恥的事情果然做不得呀！

我欺騙NHK不久之後，發現事務所的電話費突然暴增。經過一番調查，原來是事務所的職員趁著我外出期間，偷打好幾次私人長途電話給位於南九州的老家。

在我的逼問之下，職員低聲回答：「我以為不要被抓包就好了，律師您不也這麼狡猾嘛！」

職員竟然效仿我逃避支付NHK收視費用的做法，認爲只要不被拆穿就沒關係。我頓時想起朋友曾說：「人在做，天在看。」

這句話眞靈驗。愛耍狡詐手段的人，總有一天也會被別人以狡詐手段欺騙。更何況，守護社會運作的法制乃是律師的本分，更不應該曲解法律鑽漏洞。

我從職員的狡詐手段當中見識到自己的愚蠢。

從那時起，我就老老實實地支付NHK收視費用。現在回想起來，反倒覺得職員偷打長途電話是一樁好事。

行事狡詐的後果將反噬到自己的身上。

想要抓住好運的人，可別忘了這一點。

罪孽深重的律師

說起道德上的罪惡，無論再怎麼躲避，都逃不過自食苦果的下場。隨著時間流逝，這種罪惡確實會招來非常恐怖的後果。

我們必須正視這個事實，若不認真贖罪，絕對不可能獲得好運。大概沒有人像我這麼深刻地體悟到「犯下的罪惡有多深重，贖罪就有多沉重」的道理。

畢竟，我曾經殺了三個人啊！

話雖如此，我絕對沒有做出「拿菜刀殺人」這一類的事。他們並非遭受法律判決而死亡，但我的所作所爲造成三個人喪命，卻是不爭的事實。

第一位犧牲者發生在我剛成爲律師不久之時。

某位客戶委託我幫忙催討債務。我以代理人的身分去拜訪債務人進行催討：「已經超過約定的期限，還不趕快還錢！」那個人一副走投無路的樣子，拚命拜託我給予寬限：「現在眞的付不出錢，能不能求您再稍等一陣子呢？」

我向客戶轉達這個情況，客戶嚴厲地堅持：「不能再拖了！」律師身爲客戶的代理人，不得不採取與客戶相同的態度，對債務人施以嚴厲的催討。我不斷透過電話與書面通知，譴責對方違反償還債務的約定，連珠炮彈地催促：「快點還錢！」

我最後一次打電話給債務人的一週之後，他自殺了。留下一封遺書表示：「我拚命拜託西中律師給予寬限，他卻不肯幫忙。」

當時年輕的我認爲，律師身爲客戶的代理人，倘若客戶採取嚴厲的態度，代理人當然也要擺出強硬的作風。這樣的想法竟然導致這種結果。

假使我別那麼緊迫盯人，就不會把債務人逼到走投無路而一死了之。如此看來，正是我拙劣的做法逼他喪命。

我做爲一位不成熟的律師，把原本不必死的人給逼死了。

即使在法律上無罪，在道義上我確實是個殺人兇手。

現在的我，會勸告面臨相同狀況的年輕律師們：「不要咄咄逼人，不要叫對方『趕快還錢』。改個說法『我等你還錢』，總之別把對方逼到走投無路。」

我不希望其他的年輕律師也犯下與我年輕時同樣的過錯。

第二位犧牲者，發生在我成爲律師數年之後。我剛離開和島岩吉律師（詳情請見第一一四頁，第三章第七節）的事務所自立門戶。

當時我負責調查一件訴訟官司裡某位七十多歲的男性證人。

律師必須查明對客戶有利的事實。證人說出不利於客戶的證詞時，若證詞當中出現矛盾之處，證人便有可能說謊。律師的任務就是徹底追查證人，證明他的說詞與事實不符。

這件官司的證人說詞出現矛盾之處，我如同往常一般，緊抓著證詞的疑點窮追猛打。

對我來說，這是再理所當然不過的任務。

當我指出證詞的矛盾之處，追問證人此處並非事實的時候，這位七十多歲的證人突然在法庭上昏倒，大家趕緊叫救護車送他去醫院。

我頓時慌了手腳，沒料到帶給證人心理上的壓迫感竟然把他逼到昏倒。

我心想：「他年紀那麼大了，眞可憐。」同時冒出另一種想法：「畢竟在法庭上進行辯護攻防，我也無可奈何。」

兩天後，這位證人在醫院過世了。

這個消息讓我的腦袋一片空白。我完全沒想到，只是盡責做好律師的本份，竟然鬧出人命。

這些經驗讓我深深感慨，**律師這個職業，眞是罪孽深重啊！**

一椿誤解導致他人自殺

「歧視」這種事，東日本已經很少見了，現在的關西地區也大幅減少，但在以往的大阪卻屢見不鮮。

說到歧視，我有一次畢生難忘的經驗。諮詢歧視案件時，我的輕率舉動導致一個人死亡。

這是被我道德上的過失害死的第三個人。

這件事發生在我經營個人法律事務所數年之後。我接受一件關於婚姻歧視的委託，透過電話與客戶進行諮詢。

有一戶人家的女兒準備和男友結婚，遭到對方家長反對。原因在於男方家對於女方家懷有歧視。

女方的媽媽在電話中表示：「我們的血統害得女兒無法結婚，女兒實在太可憐了！」

我決定親自造訪客戶，以便進一步瞭解詳情。

我於下午三點抵達客戶的住處，聽取他們說明之後，已經超過晚上六點了。

客戶慰留我：「時間不早了，請您留下來用餐吧！」他們似乎準備了天婦羅當晚餐。我當天工作非常繁忙，很晚才吃午餐，那時還不覺得肚子餓，也沒多想就婉拒他們的好意：「不用了，謝謝！」

當時女方媽媽的臉色變得有點怪異，一臉慘白的樣子。我認爲應該是自己看錯了，反正案件詳情已經聽取完畢，便告辭離開返回事務所。

兩天後，我接到一通令人難以置信的電話——女方的媽媽竟然自殺了！

她的遺書寫著：「連律師都歧視我，乾脆死了算了！」這句話讓我大受打擊。

她以爲我身爲律師卻不吃她煮的晚餐，是因爲我歧視她煮的食物很汙穢。

她徹底誤會我推辭晚餐邀約的原因。

「我應該好好地向她說明推辭的原因。我看到她臉色不對勁時，爲什麼沒有發現她對我產生誤解呢？」即使我再怎麼痛苦深切地後悔，也無法挽回失去的生命。

我做的事雖然在刑法上完全不構成殺人罪，但結果同樣使人喪命。我十分認同自己必須爲此贖罪。

這個事件之後，有個專門宣導消除歧視的團體找上門來，對我進行調查。雖然晚了一步，我依然詳實說明事件的眞相，表示我根本沒有歧視對方的念頭，只是當時肚子還不餓罷了。出乎意料之外，該團體立刻接受我的解釋。

原來他們檢視我從事律師工作以來的所作所爲，發現我經常爲弱勢人士進行辯護。

該團體表示：「做爲致力於消除歧視問題的和島律師（詳情請見第一一四頁，第三章第七節）旗下的律師，不可能去歧視其他人。這件事一定是誤會。」

感謝恩師的品德庇護，讓我在犯下罪惡之後還能獲得原諒。

人們在無意間犯下許多罪惡，也在不知不覺之間接受許多恩惠。

讓我明白這兩個道理的意外事件，使我畢生難忘。

第二章重點整理

- 與人產生紛爭將導致運勢低落。
- 人們往往犯下道德上的罪惡卻不自知。
- 放著道德上的負債不管，運勢就會走下坡。
- 若能注意道德上的罪惡，隨時保持一顆感恩的心，即可防止運勢下滑。
- 紛爭只會徒留怨恨，致使運勢低落。
- 感謝對方的付出，就能避免紛爭。
- 繼承遺產的紛爭將導致運勢低落，甚至禍延子孫。
- 貪圖兩份錄取通知是自私的想法。
- 自私自利導致運勢低落。
- 過度追求自己的欲望，便無法顧及他人的感受。
- 行事狡詐的後果將反噬到自己的身上。
- 律師是一行罪孽深重的職業。
- 人們在無意間犯下許多罪惡。
- 人們也在不知不覺之間接受許多恩惠。

第三章

恩

報恩、施恩都能開啟好運

根據我擔任律師將近半個世紀以來的經驗，見識過許多人的人生讓我深刻體悟到，道德上的負債對人的運勢確實有極大的影響力。

「道德上的負債」是道德科學的專有名詞，主要有二大重點。第一，人生而在世，即使未觸犯法律，難免犯下道德上的罪惡。這個部份在前一章已經詳細介紹過了。

另一種道德上的負債則是人生而在世，總會接受其他人給予的恩惠。

首先是來自太陽與大自然的恩惠。如果世界上缺少這種人人都能接收的恩惠，就沒有人能夠存活下去。

其次，是來自其他人的恩惠。道德科學指出，每個人都有三大恩人，分別是：

一、**國家的恩惠**。

二、**父母與祖先的恩惠**。

三、**教導的恩惠**。

首先必須有國家，人民才能生活。

只靠一個人的力量不可能製造出生活需要的所有物品，生活必需品幾乎都由其他人生產製作而成。這樣的分工模式必須依賴國家提供嚴密的組織規劃才得以運作。

其次，若少了父母與祖先的存在，我們不可能來到這個世界上。

每個人一定都擁有賜予血脈的父母二人。二位父母各自的二位父母就有四個人，向前追溯上一代祖先，人數就增加二倍，歷經十個世代便高達二〇四六位先人。

倘若這二千多位祖先的其中一人殺害自己的孩子，我們今天就不可能誕生於這個世界上。

第三項教導的恩惠，即爲我們的恩師。

在我們的人生裡，一定會遭遇各式各樣的狀況，每個人都需要各種知識、智慧與技術。多虧了教導這些生存技能的人，我們才得以存活。

這樣的恩惠與道德上的罪惡一樣，皆屬於道德上的負債。只要我們一點一滴償還這些負債，即可提升運勢。

然而，偶爾也會發生無法報恩的情況。例如想要孝順父母，父母卻已經撒手人寰。此外，我們亦無法報答太陽與大自然的恩惠。

遇到這種情況，縱使不直接向給予恩惠的人報恩，依舊可以把恩情償還至其他人的身上。從某人那裡獲得恩惠，再報答給其他人。如此一來，那個人也會把恩情償還至自己以外的其他人身上，促使社會進入報恩的正向循環。

綿延傳承恩惠的行爲，稱爲「**施恩**」。

接下來，我將介紹幾則親眼見證的眞實故事，說明何謂恩惠、如何報恩、以及不知報恩的後果。

兩百萬人的恩惠

我曾就讀大阪府立北野高中。知名演員森繁久彌是本校校友，當我還是高中生時，曾聽過他的演講，內容令我至今難忘。

演講的主題爲「向二百萬人致謝」。森繁先生開門見山問學生們：「你們活到十五歲爲止，接受過多少人的照顧？」

在場沒有人能夠回答這個問題，森繁先生便說：「多虧了二百萬人的幫助，你們才得以存活至今。」他緊接著解釋這個答案的由來。

剛出生的嬰兒飲用的牛奶，由許多人共同努力生產製造——飼養乳牛的人、收集並運送牛奶的人、將牛奶製作成奶粉的人、運送奶粉的人、開設店面販賣奶粉的人、購買奶粉並沖泡給嬰兒飲用的人。靠著這些人的付出與貢獻，才能製作養育你們長大的牛奶。

你們長大的過程中享用的食物、每天替換的衣服、居住的房子、念書的學校，通通依靠許多人的幫忙才得以實現。

把這十五年來曾經幫助你們生活的所有人條列出來，便高達二百萬人。全拜這些人的幫助所賜，你們才能存活至今。

十五歲的高中生還不曾靠自己的力量製造出任何一件生活用品，全都依賴其他人的貢獻，以及父母和祖先的付出而存活。

森繁先生如此告誡我們之後，以這句話爲演講作結：「靠著二百萬人的幫助，你們才得以存活至今。你們要好好感謝這些人，絕對不能輕忽自己的生命。」

當時北野高中發生多起學生自殺案件，森繁先生爲了開導我們，而傳授二百萬人恩惠的道理。

森繁先生這一番話，對當時年紀尚小的我帶來很大的衝擊。原來自己必須依靠這麼多人的幫助，才能存活至今。這個事實令我永生難忘。

千萬不能忘記接受過的恩惠。

這個道理正是扭轉運勢的關鍵。

想讓運勢好轉，必須保持謙虛的態度。心裡雖然明白這個道理，實行起來卻困難重重，我也不例外。

然而，只要一想到自己曾經接受無數人的恩惠，傲慢的心態自然而然便消失了。

千萬別忘了接受過的恩惠。

這是改變運勢的基本道理。

改變運勢的第二十七次忌日

從事律師工作以來，我爲許多人提供與紛爭相關的法律諮詢。這些紛爭的源頭大多來自於怨恨的情緒。

怨恨是一種很可怕的情緒，甚至連親近之人都可能被怨恨，不少人對自己的親生手足怨懟無比。怨恨實在不是一件好事。

怨恨使好運離我們而去。

反過來說，**消除怨恨，運勢就會不可思議般地好轉**。

舉個例子，某位客戶是一名七十多歲的公司老闆，向我進行事業相關的法律諮詢後，突然對我說：「其實我的母親很早就過世了。」

客戶向律師訴說自己的生平事蹟並不是什麼稀奇的事。雙方認識不深時，彼此維持著普通淡然的態度，若想向對方坦白自己的過往經歷，往往從自己的孩童時代開始談起。

客戶向律師訴說自己的人生經歷，希望律師進一步瞭解自己的爲人，讓諮詢過程更加順暢。

當時我認爲這位客戶也是如此，便靜靜地聽他訴說。

「我的母親三十五歲時，突然生病過世了。當時我才十二歲，只是個小孩子，實在很悲慘吶……。」

他的母親大約於昭和三十年（一九五五年）過世，那時的日本非常貧乏，可以想像經濟拮据的艱辛情況。

「我從小到大一直過著異常艱辛的生活，因此對母親心生怨恨。『我過得這麼悽慘，你卻完全沒有盡到身爲母親的一點責任！』我懷著這樣的念頭度過每一天。」

這也不能怪他。回顧昭和年代的情況，不難理解他的想法。世界上再也沒有比怨恨自己的親生父母更悲哀的事，然而長期處在艱困的生活環境裡，產生這種念頭也是人之常情。聽到他這麼說，連我都被感染悲傷的情緒。

這位客戶原本悲傷的表情突然一變，說道：「母親的第二十七次忌日時，阿姨告訴我：『我的姐姐，也就是你的媽媽，在病逝之前交代每個人：求求你們照顧我的孩子。

「明明身體已經衰弱到無法進食，意識也模糊不清，狀況差到甚至連身邊的人都認不出來。她卻不斷拜託醫生、護士、我、以及所有她周圍的人：拜託照顧我的孩子、拜託照顧我的孩子……。她一直反覆說著這句話，直到斷氣爲止。

「聽到阿姨這番話，我突然頓悟一件事。

「從小喪母的我，確實過得很艱辛。但不得不留下年紀尚小的孩子而撒手人寰的母親，心裡一定比我難過幾十倍甚至幾百倍。

「我終於明白自己多麼不孝，打從心底對母親感到抱歉。」

客戶說著說著就哭了，我也跟著淚流不止。

聽了阿姨的一番話之後，客戶徹底消除對母親的怨恨，隨後他經營的企業大獲成功，現在過著幸福的人生。

我認為，正因為他**領悟母親給予的恩惠，進而扭轉運勢**。

消除仇恨、減少紛爭就能改善運勢

說起怨恨父母，我也有類似的經驗。

小學二年級時，我在學校的藝文表演擔任《浦島太郎》話劇主角。

「媽媽，我在藝文表演擔任浦島太郎，你一定要來看喔！」

「知道了，知道了，我一定會去看！」

沒想到，表演當天卻不見母親的身影。我回到家，忍不住責怪母親：「媽媽，你為什麼沒有來看我表演？」母親不斷向我道歉：「對不起，對不起……。」

後來我才知道，母親必須在期限截止之前完成張貼信封標籤的家庭代工，不得已而缺席。

天底下沒有任何一位母親不想親眼觀賞自家可愛的兒子擔任話劇主角，一想到母親當時的心情，我就滿懷歉意地自我反省。

如今我經常在法律諮詢時目睹手足相爭的場面，起因往往是彼此互相帶有偏見：「其他的孩子得到好處，我卻沒有！」這就是與其他手足比較過後造成的偏見。

然而，與其他人比較只會徒增紛爭，損害運勢。紛爭正是導致不幸的源頭。

長年擔任律師的我敢斷言，**與人比較會帶來怨恨，怨恨招致紛爭，紛爭導致不幸**。

這是我的經驗法則，請大家別忘了這個道理。

森信三教授所的著作《修身教授錄》（一九八九年日本出版）有句話：「**煩惱皆由比較而來**。」

每個人都討厭被比較。「你父親這麼厲害，你為什麼這麼差？」、「哥哥做得到，為何你做不到？」無論是誰，都不喜歡被這樣指責吧！

想要減少怨恨，最好的方式就是不要與人比較。

盡量從經驗當中學習如何消除怨恨。

孩童時期出於各種原因對父母心懷怨恨，等到自己也成長至爲人父母的年齡時，那股怨氣自然就消除了。大概是因爲自己也經歷與父母相同的體驗吧！

比方說，「我以爲父母只偏愛哥哥，但我誤會他們了！父母養育我的時候，家裡經濟拮据，才無法爲我投注與哥哥同等的金錢花費。」像這樣理解父母的心情，自然就不恨了。

除了自己的親身經驗，若我們多看看其他人的經驗，亦有助於消除心中的怨恨。

總而言之，**想要讓運勢好轉，必須盡早察覺接受到的恩惠，消除怨恨，盡量減少紛爭**，這是我擔任律師歸納出的心得。

招人怨恨將損害運勢

打官司即與人產生紛爭。捲入紛爭之後，即使贏了官司，一定也會被輸掉的一方怨恨。

招人怨恨就會被對方扯後腿而損害運勢。

避免上法院打官司就圓滿解決才是最好的方法。

身爲律師的我敢斷言，**即使贏得紛爭，但往後被對方阻礙的案例，還眞是不可思議地隨處可見**。

我的父母還健在時，曾說過：「絕對不要做出招人怨恨的事。」

當時還是孩子的我反問：「爲什麼？」

「聽好囉！一旦招人怨恨，等對方過世之後，不管他身處天堂還是地獄，都會一直緊盯著你的一舉一動。

「他們等待著扯你後腿的時機。

「等到你粗心犯錯，他們立刻從另一個世界前來抓住你的腳踝，一邊說著『墮落吧！墮落吧！』一邊把你拖進地獄裡。

「招人怨恨，對方就會拚命扯你的後腿，所以千萬不要與人結怨。」

即使我長大成爲律師，也忘不掉父母的這番話。身爲律師的我，卻極力避免讓客戶上法庭打官司，大概也是出自於這個原因吧！

招人怨恨將損害運勢。

我一輩子都不會忘記父母教導這個道理的恩惠。

下定決心照顧父母，運勢隨之好轉

身為律師，見識過各式各樣的人生，不禁感慨運勢多麼的不可思議。我親眼目睹無數次難以解釋的現象，最後只能當作運勢的影響所致。

以下這個故事便是如此。

某個家庭有五位兄弟，五人皆離開父母各自過著獨立生活。這家人的父母年事已高，非常希望回到故鄉滋賀縣頤養天年。然而，滋賀縣的老家早就沒了，若想回歸故里，勢必非買新房子不可。問題是，父母沒有購買房子的經濟能力，勢必依靠五個兒子資助金錢才能實現買房子的願望。

「誰要出錢？」

兄弟們討論之後產生爭執，必須設法籌措一大筆錢才能興建自己的房子。最後二兒子表示：「我願意出錢在滋賀縣蓋房子，與爸媽同住。」

二兒子不僅決定掏出大筆金錢實現父母的願望，甚至一肩扛起照顧雙親的老年生活。

乍看之下，二兒子似乎是五兄弟當中最倒楣的一位。

事實並非如此。

二兒子出錢購買一片位於滋賀縣的土地，蓋好房子，把雙親接來同住幾年之後，當地提出建設高速公路的計畫，土地價格瞬間暴漲。

實現父母的願望、親自照顧父母的孝行，爲二兒子帶來出乎意料的好運。

孝順父母的人就會受到幸運眷顧，實在非常不可思議。

不計較得失，懷著一顆「爲父母著想」的心，幸運或許就在毫無預期的時候降臨。

即使工作失敗，恩師卻說「太好了」

我一成為律師，立刻加入和島岩吉律師的事務所。

和島律師擔任日本律師協會會長，致力為弱勢者發聲辯護，是非常偉大的人。

我在和島律師事務所工作四年，獲益匪淺，心中充滿感激。

和島律師對我的教導不僅是律師相關知識，更是我身而為人的做人基礎。直到今天我依然經常回想起我搞砸某件工作的失敗經驗帶給我的教訓。

那個案件的客戶是一位曾經加入暴力幫派的男子，我負責為他的詐欺案件進行辯護。

我首先幫他申請假釋。繳交二百萬日幣保釋金之後，客戶離開拘留所。這項工作的第一階段進行得非常順利。

按照客戶的期望，我必須在最重要的法庭判決替他爭取緩刑。即使被判有罪，也能靠著緩刑而不必入獄服刑。

「我的客戶十分後悔犯下這項罪過，再犯的可能性非常低微。」

我提出上述主張，努力爭取法官的認同。最後如願獲判緩刑，身爲律師的我圓滿完成這項任務。

我依照客戶的期望，爭取到令他滿意的判決結果，便請客戶支付當初約定的一百萬日幣酬勞。金額雖然不少，但我知道客戶有能力支付這筆錢。官司結束後，先前付給拘留所的二百萬日幣保釋金已退回到身爲代理人的我的手上。

「我從退還的保釋金當中領取一百萬日幣作爲酬勞。」

沒想到，客戶聽到我索取酬勞，竟然說：「不行！保釋金必須全部歸還給我。老實說，那些錢是幫派代墊的。我現在想金盆洗手，那二百萬日幣非得還給幫派不可。」

向暴力幫派借貸二百萬日幣作爲保證金，必須如數歸還才能脫離幫派。聽他這麼說，我也認同這是個好方法。

「你先把保釋金全部還給幫派，之後再付給我酬勞即可。」

我把二百萬日幣全數交給客戶，他眼泛淚光地說：「謝謝你！我之後一定會支付酬勞給您！」便捧著錢離開了。

我相信客戶眞心想完全脫離暴力幫派，從此回歸健全生活，自認爲做了一件正確的事。

沒想到，我太天眞了。從此之後，客戶消失得無影無蹤，當然沒有支付報酬給我。這位客戶身爲詐欺犯，他的專長是靠著花言巧語平白享受卻不付帳。思及至此，讓我懊悔不已。

我臉色慘白地想，該怎麼向和島律師交代呢？一百萬日幣並非我個人的酬勞，而是支付給接受案件委託的和島律師事務所的費用。我身爲菜鳥犯下的過錯，給事務所造成莫大的困擾。

我戰戰兢兢地向和島律師坦承沒有領到酬勞的失誤。出乎意料之外，和島律師竟然說：「這眞是太好了！」

我以爲自己聽錯了。面對一臉驚訝的我，和島律師開口說：「**你被欺騙而懊悔不已吧！這是很好的經驗。經過這件事，你就能深刻明白被人欺騙的感覺。千萬不要變成騙子喔！**」

受過傷害的人，才能站在弱勢者的立場幫忙辯護。

和島律師就是一位這麼偉大的人。在他的薰陶之下，我展開投身律師事業的後半生。

我一輩子都不會忘記他的恩惠，至今仍對他感激無比。

不可思議的國家恩惠

人們在不知不覺當中，接受許多人的幫助。平常我們不曾注意這種恩惠，除非遭遇意外才驚覺：「原來我受到這麼多幫助才得以存活。」

這樣的領悟不只來自於其他人的恩惠，國家的恩惠亦是如此。或許有人自認爲「我才沒有受過國家的恩惠咧！」事實上，**絕大多數人都仰賴國家的恩惠才得以生存**。

看看戰亂中的國家，便能明白這個道理。國家若不富強，就會與其他國家捲入戰爭裡。我們能過著平穩的生活，全靠國家維持富強所賜。

老實說，我們平常確實難以感受來自國家的恩惠。

然而，有時候卻能不可思議般地自然感受到國家的恩惠。我曾體驗過這樣的經歷。

距今三十多年前，我曾參加皇居（日本天皇居住的宮殿）舉辦的「勤勞奉仕」。

或許有些讀者不明白這是什麼活動。「勤勞奉仕」是一般民眾自願到皇居進行打掃的志工制度。

我以道德科學組織會員的身分參加這項活動。坦白講，比起崇拜天皇陛下的心情，有機會一窺平常難以進入的皇居才是我的主要動機。

我曾在電視新聞看過皇居的報導，裡面有天皇陛下親自栽種的稻田，也有專供研究的植物園。我還記得，當時強烈的好奇心促使我想要親眼目睹這些場景。

話雖如此，我對天皇陛下並非完全沒有尊敬之心，我很感謝他一直以來在這個平和的國度裡維持國人的團結。

當時與我一起參加勤勞奉仕、來自其他團體的婦人，似乎對天皇陛下毫無敬意。她毫不諱言，自從兒子於第二次世界大戰喪命之後，她就認定這是天皇的責任而憤恨不已。

我問她：「你爲什麼來參加勤勞奉仕呢？」

她回答：「平時無法進入皇居，這是像我這種一般老百姓能進來的唯一機會。」

她的動機跟我一樣。

勤勞奉仕一共持續四天，最後一天所有參與人員聚集在天皇面前，天皇向大家慰問：「辛苦了！」最後大家一起高喊三聲：「萬歲！」

此時我看向那位婦人。出乎意料之外，她竟然是所有人當中最大聲高喊「萬歲！」的一位。不僅如此，她歡呼的同時甚至流下眼淚。

她不是把兒子戰死的責任歸咎於天皇而痛恨天皇嗎？

這個景象實在太不可思議了。

順帶一提，距今三十多年前還是昭和時代，當時的天皇即爲昭和天皇，也就是參與第二次世界大戰的那位陛下。

爲什麼這位婦人會在痛恨的人面前高喊萬歲呢？

究竟是被陛下的高尚品德感動，亦或只是把仇恨掛在嘴邊，心裡其實非常敬愛陛下呢？

我眞的不明白其中的緣由。說不定淚流不止的當事人，自己也不清楚爲什麼會這樣。

我忍不住想，那位婦人應該是親眼見到陛下的身影，心底湧現出對於日本這個國家的感激之情吧！

生活在日本的祖先們，造就了現今的我們。這番領悟在見到天皇陛下的瞬間凝聚而成，促使心底湧現感激之情。

我一生都難以忘懷以這種不可思議形式所體驗到的國家恩惠。

妻子的恩惠成為兒子孝順父母的楷模

仔細想想，我的運氣眞不錯。我和妻子都已年過七十歲，幸好有大兒子的照顧，讓我們無須擔憂晚年生活。

老實說，這份幸運全拜妻子所賜。妻子的善良品行經過層層正向回饋，最終讓我成爲幸運兒。

請容我介紹這份幸運的由來。

大兒子現在四十多歲，任職於某大型連鎖超級市場。一開始在企業總部從事行政職務，經過轉調之後，目前擔任名古屋分店的店長。大兒子希望轉調至我們夫妻倆所在的關西地區，曾對我說：「我即將從公司總部調到地區職務，如此一來，就能一直待在關西地區了。」

「你說過轉調地區職務，薪水將大幅減少，爲什麼要調職呢？」

「因爲爸媽年紀大了，我很擔心你們。」

大兒子爲了照顧我們夫妻倆的老年生活，不惜犧牲收入調動職務。世界上再也沒有比培養出願意照顧父母的孩子更令人開心的事，我們對大兒子充滿感激之情。

我當時感謝的對象不只大兒子，也對妻子感激無比。

因爲**大兒子的孝行，來自於妻子樹立的楷模**。

妻子曾經眞心誠意地照顧我的母親。

我自認長年未對父母盡孝，當母親臥病在床時，決定接她到家裡同住。由於我工作繁忙，很難親自照顧母親，妻子便一手包辦母親的看護工作與貼身照料。

「感謝你一直以來的照顧，」母親於九十八歲高齡逝世時，向妻子道謝：「弘美，謝謝你！」這句話，讓妻子感到長期以來的辛苦付出都值得了。

妻子近乎獻身般地照顧婆婆，大兒子全都看在眼裡，並暗自決定：「等父母年老之後，就由孩子負起照顧責任。」

我對此沒有任何貢獻，全仰賴妻子為孩子樹立楷模。幸虧妻子的付出，讓我們夫妻倆過著幸福的老年生活。

我由衷感謝妻子的恩惠。

珍惜恩人

大阪有一間企業名叫「十川橡膠製造所」，爲日本數一數二的橡膠軟管製造商。以下這個故事，是公司創辦人十川榮先生的經歷。

十川先生年輕時，曾在販賣橡膠製品的小店裡工作。他是一位早出晚歸、認眞工作的好青年，深受老闆和客戶信賴。儘管薪水微薄，他仍爲了將來一點一滴努力存錢。

某一天，十川先生任職的店家突然宣告破產，原因在於老闆嗜好酗酒導致經營不善。宣告破產之後，債主蜂擁而至，把店裡的商品乃至於老闆的家當全都拿去抵債。看到這幅景象，店內員工爭相辭職離開。

眼看同事們紛紛走避，十川先生依然留在店裡。他當然和其他同事一樣，有權利選擇跳槽到其他地方任職。即使其他店家或企業提供高薪想要挖角，非常重視信用的十川先生卻一一回絕這些邀約。

大家問他堅持不跳槽的原因，他答道：「我不會依照薪水高低來決定自己的未來。我無法拋棄至今對我照顧有加的老闆。」

老闆的家當被公開拍賣的那一天，十川先生拿出自己的存款，買下所有物品，再交還給老闆。

幫助老闆度過難關之後，十川先生決定自行獨立創業。許多人耳聞十川先生的人品，紛紛對他的事業伸出援手，讓他的事業得以順利發展。

十川先生眼見事業順利發展，便聘請原本的老闆擔任工廠廠長。甚至老闆去世之後，依舊繼續照顧他的家人。

有人問他：「爲什麼替老闆做到這種地步呢？」十川先生回答：「老闆是我的恩

人。靠著老闆教導我工作相關知識，我才有今天的成就。」

十川先生如此珍惜往日恩人，爲他的企業搏得極佳信譽。

知名管理學家彼得．杜拉克曾說：「經營者不可或缺的資質，並非天才般的才能，而是品性。」

品性就是人德。

不忘恩人的高尚品德能扭轉運勢。

讓我們向十川先生看齊，培養良好的品德吧！

第三章重點整理

- 恩惠是另一種道德上的負債。
- 三大恩惠爲：國家的恩惠、父母與祖先的恩惠、教導的恩惠。
- 償還接受恩惠的負債，便能提升運勢。
- 若無法直接向給予恩惠的人報恩，亦可對其他人「施恩」。
- 察覺母親給予的恩惠，進而扭轉運勢。
- 招人怨恨將損害運勢。
- 幸運會不可思議般地眷顧對父母盡孝的人。
- 絕大多數日本人都仰賴國家的恩惠才得以生存。
- 妻子樹立的楷模促使大兒子對父母盡孝。
- 不忘恩人的高尚品德能夠扭轉運勢。

第四章

德

品德決定運勢

看多了運勢好與運勢差的人，我明白一個道理——

品德決定運勢。

我發現個性好的人，運勢也佳。**個性好的人乍看之下似乎容易吃虧，卻能得到運勢加持而成功。個性差的人，短時間內即使獲得成功，最後仍無法得到運勢眷顧而失敗。**

我擔任律師期間，目睹過無數次個性影響運勢的真實案例。

個性影響運勢不只是我個人的經驗談，古往今來許多實例亦證明這個道理。

舉例來說，距今二千多年前，中國思想家孟子曾說：「修其天爵，而人爵從之。」

天爵是上天賦予的爵位。爵位即地位，天爵可以說是上天賦予的地位，意指道德修養。

與此相對的人爵，指的是人在世間受封的地位，具體而言就是金錢、財富、學識、智力、權力等等。

以白話文解釋，孟子這句話的意思是：「**累積品德，自然就能獲得財富與權力。**」

孟子想告訴大家，擁有高尚的品德，便能提升運勢。

一心追求財富與權力，卻缺乏良好品德，最終將徒勞無功。

首先具備良好品德，財富和權力自然會來到你的身邊。

人們追求財富與權力，不外乎希望過著幸福生活。擁有良好品德，心靈感到充實富足，周遭圍繞著同樣善良的人，生活當然幸福順遂。對於品德良好的人來說，能否獲得財富與權力其實也沒有那麼重要。

不可思議的是，**具備高尚品德，不特別想追求財富與權力的人，往往擁有絕佳運勢，自然而然獲得財富與權力。**

品德與運勢之間有著深刻關聯。接下來，我將列舉各種實際例證說明這個道理。

個性決定運勢

世界上有各種五花八門的讚美詞句，被別人稱讚究竟有什麼好處呢？

無論被人稱讚的原因爲何，都會感到開心吧！我不禁想：「運勢好的人，究竟在哪些方面被人稱讚呢？」

能力強、聰明、能幹，這些都是誇獎能力的形容詞。能力與賺錢有關，現代社會裡，能力強的人便受人尊重。

或許有人認爲，這個世界圍繞著金錢打轉。事實並非如此，許多人即使擁有大筆金錢，依然過著不幸的人生。

看起來，縱使被人稱讚能力有加，也無法與「提升運勢」畫上等號。

再看看其他種類的讚美詞句。

美麗、可愛、英俊、美男子、高壯、風姿超群……等等。最近比較少人使用美男子一詞，改稱「型男」，這一類的字詞都是讚美一個人的外貌。重視外貌大概是從古至今一貫不變的人性吧！

不要以爲外貌出眾的人廣受眾人喜愛就能獲得幸福，事實並沒有那麼單純。許多美麗的女性命運悲慘，受到英俊外貌連累而際遇坎坷的男性也大有人在。

外貌絕對不能當作衡量運勢的標準。

還有沒有其他讚美詞句呢？對了！還有這些——

溫和、可靠、講信用、正直，認眞……等等這一類誇獎個性的詞句。個性和賺錢沒有直接關聯，也不會因此受到眾人矚目和阿諛奉承而享受特權待遇。

比起被人誇獎「能力很強」，被稱讚「待人溫和」讓我更加開心。與其被大阪北新地的酒店小姐拍馬屁「你好帥喔！」我寧願被人評價「信譽良好」。

比起能力強大、外貌出色，其實「個性」才是眞正與運勢好壞有著深刻關聯的關鍵因素。

舉個例子，對於上市企業而言，挑選下一任總裁人選最受重視的特質，並非那個人的業績，也不是能力高低，而是他的個性。

話說回來，生存在這個世界上一定需要用錢，除此之外，也需要能力與地位的輔助。出色的外貌，亦是人際交往難以忽視的重要因素。

然而，金錢、能力與外貌，只不過是生存所需的工具罷了。想要獲得好運青睞，終究端看一個人的個性如何。

有鑒於此，與其被誇獎「聰明」、「能幹」，聽到別人評價「個性溫和」更令我開心。

個性決定運勢。

這是我遍覽一萬多位客戶的不幸與幸福人生所得到的結論。

律師的個性

現今日本律師之間的收入差距愈來愈大，生活拮据的律師急遽增加。年收入僅三百萬日幣的律師在十五年之內增加二倍。

這個現象起源於小泉內閣發起的政治經濟結構改革。爲了增加律師數量，而降低司法考試的難度。五十多年前我參加司法考試時，每五十位考生只有一人合格，現在每三至四位考生就有一位合格，合格率比以往高出十倍以上。

在以往的年代，即使是律師的孩子，也只有極少數人通過司法考試，繼承父母的衣缽。如今光是我聽說過的周遭同業，只要律師的孩子對這個行業有興趣，大多數都能夠承接父母的事業。

司法考試降低難度，大幅增加了合格人數，導致現今律師市場進入白熱化的競爭時代。律師之間的收入差距變大，愈來愈多人難以養家餬口。

如今即使通過司法考試，依舊難以維持生計，導致不少人放棄律師一職，轉換跑道從事與司法考試完全無關的工作。

競爭如此激烈的年代裡，最重要的關鍵是「律師的個性」。

就以我的事務所旗下的年輕律師爲例吧！

他是一位彬彬有禮的年輕人，總是秉持一貫溫和有禮的態度對待客戶或其他人。有禮貌當然不是一件壞事，但我擔心他代表客戶出面解決紛爭時，也對對方這麼謙恭有禮，似乎不太恰當。

我看他工作似乎不太順利，偶爾提醒他：「你這樣的態度會被債務人瞧不起哦！」

他聽取我的建議，改掉過度有禮的講話方式，但語氣依舊非常溫和，實在沒什麼效果。我認爲他的個性就是如此，便不再強求他。

他在我的事務所工作四年之後自行獨立開業。

二個月後，我很想知道他的狀況。畢竟這是年輕律師過度競爭的艱苦年代，我很擔心像他這麼溫和的人，能否爭取足夠的業績維持生計。

我問他：「怎麼樣？還順利嗎？」

他的回答出乎我的意料之外：「托您的福，事業非常順利。」

除了他在我的事務所曾經服務過的客戶，甚至當時與他針鋒相對的敵對陣營，都有不少人陸續上門請他協助。

他的客戶異口同聲表示：「那麼親切有禮的人一定非常可靠！」

一開始我也不明白這些客戶的想法，與他深談過後，我總算理解了。

律師受理的案件不外乎刑事與民事案件。我的事務所以民事案件爲主，客戶的對手皆與犯罪無關。由於對手並非犯下強盜或殺人等罪大惡極之人，沒有必要向他們擺出嚴厲的表情或態度，對話時採取彬彬有禮的語調亦不影響工作進行。

債務人以爲會被律師催討「快點還錢！」，卻被律師溫和有禮的態度嚇一跳。債務人原本認爲律師會以冷酷無情的態度用法律知識咄咄逼人，眼前的這位律師卻展現完全相反的溫和態度，令人印象深刻。

對手需要雇用律師時，當然會聯想到這位律師是個可靠之人。

他在我的事務所工作四年，一直維持親切有禮的態度。

他在這段期間受理許多案件，不少人對他的親切態度大爲吃驚。這些人都成爲潛在客戶，幫助他的事業蒸蒸日上。

即使親切有禮的態度似乎不太適合眼前的工作，卻對其他的事業發揮正向影響力。

在這個律師過度競爭的年代，良好個性為他開創一條生路。

難以賺錢養家的年代裡，維持良好的個性，將受到幸運的眷顧。

這句話不僅適用於律師，現今全體年輕人都應該明白這個道理。

老闆的品格消除員工的不滿

改善個性，就能提升運勢。

我看多了這種例子而深知這個道理，對於想不透的人來說，理由其實很簡單——**個性好的人，不容易與人產生紛爭**。

紛爭是不幸的源頭，憤恨的情緒有損人際關係。運勢在人們之間流轉，損害人際關係導致運勢下滑。

減少紛爭，便能促進人際關係，運勢也隨之好轉。

讓我分享一個眞實案例吧！

某位任職於房屋銷售公司的人向我進行法律諮詢。他不滿公司的評鑑制度，請我代爲調查公司是否有疏失。

那個人等不及我的調查結果出爐，直接跑去找老闆談判。

他在上班時間突然衝進總裁辦公室，竟然看見老闆對著牆壁深深一鞠躬。他帶著狐疑的眼光望向牆壁，發現上面密密麻麻貼滿照片。

當他感到一頭霧水之時，老闆終於注意到他的存在：「有事嗎？」

他脫口而出心中的疑問：「這些照片是怎麼回事？老闆您爲何向照片鞠躬？」

老闆有點害羞地說：「這些是每位員工的照片。我每天早上進公司之後，一定會向這些照片鞠躬。

「全靠著員工們的努力，公司才能順利運作。謝謝你們，希望你們都過得幸福快樂。

「下班回家之前，我也會向照片道謝。

「公司今天一整天都順利運作，謝謝你們，希望你們事事如意。」

老闆的這番話，讓原本打算抱怨不滿的他一時之間啞口無言，什麼話都沒說出口，就退出總裁辦公室。他對老闆的話抱持半信半疑的態度，向隔壁辦公室的秘書求證，證實這番話的眞實性。

「不僅如此，老闆非常瞭解每位員工的背景，隨時注意大家的父母和子女們的近況。

「一旦員工的家庭發生變故，一定立刻與員工懇談。員工的家人發生車禍，老闆馬上去醫院探望，詢問員工能否負擔住院費用。假使經濟有困難，也可以跟老闆商量。

「萬一老闆分身乏術，便由我們這些祕書代表前往醫院探望。轉告員工若遇到困難，請務必與老闆討論。老闆總是非常關心員工。」

明白事情的眞相，這位員工的不滿立刻煙消雲散。一度考慮藉由官司控訴公司不當評鑑的情緒也一掃而空。

老闆的個性，撫平員工的憤怒。

倘若老闆的個性不佳，這位員工原本對於評鑑的不滿，就會升級爲控訴公司不當經營的官司。

如此一來，勢必損害企業形象，亦對業績產生負面影響。

老闆一定沒想到，自己的個性竟然防止一場官司訴訟。**可見經營者的個性大幅左右企業的發展運勢。**

這個道理不僅適用於企業經營者，無論任何職業的人，其個性都將決定運勢的好壞走向。請大家千萬別忘了這一點。

待人和善即可召喚好運

想在工作上獲得運勢加持，就不能計較得失。

我擔任律師四十七年以來，受到非常多職員的幫助，其中有位女性最令我感動。首先讓我感覺她與眾不同的是上下班的時間。我們的工作時間從上午九點至下午五點。這位女士從任職第一天起，每天上午八點半抵達事務所，開始安排一整天的工作行程。即使我沒有特別要求，她仍待到下午五點半才下班，完成當天所有的工作，而且從來不曾申請加班費。她每天都帶著一臉「理所當然」的認眞態度來上班。

讓我印象深刻的不只是認眞的工作態度，還有她準備的禮物。

某天我發現她開心地整理物品，忍不住好奇心問她：「那是什麼？」她說那是給父母的生日禮物。看來她每年都會幫父母準備生日禮物。從她的態度可以看出，爲父母準備禮物是一件多麼開心喜悅的事。

她把認眞工作與孝順父母視爲理所當然的態度，令我感動不已。我當然由衷希望像她這麼棒的人能獲得幸福。

後來我爲她介紹結婚對象，她順利結婚之後便離職了，如今過著幸福美滿的生活。

工作時斤斤計較得失，雇主在一旁看了也覺得不是滋味。若像這位女士開心地工作，雇主被這股熱誠感染，也希望多多回饋員工。

付出一百分的工作，只要求八十分的回報。

乍看之下似乎吃了悶虧，根據我的經驗，這種人最後一定能獲得運勢青睞。

然而，現代人往往付出一百分的工作，卻收取一百二十分、甚至二百分的回報，並視爲理所當然。

表面上看來似乎賺到了，實際上並非如此。額外收取的回報總有一天將以另一種形式返還。

與其計較眼前的得失，倒不如專注於工作時如何保持心情愉快，才能召來好運。

除此之外，最近社會上出現企業要求員工無償加班的問題。甚至有些黑心企業讓員工不堪過度勞務而自殺，過分壓榨員工儼然成為現代的社會問題。

在這個時代倡導「工作時別計較得失」這種讓企業主竊喜的口號，或許會惹怒許多人。

我的意思絕對不是企業為了提升收益便可以任意壓榨員工。我認為企業當然必須支付員工相對應的報酬。

我想表達的是，工作時一心計較得失，好運將離你遠去。工作時一副愁眉苦臉的表情是不行的喔！

總而言之，請大家在能力所及範圍之內心情愉快地工作，放下計較得失的執念。

不計較得失、心情愉快地工作，就能提升運勢。

更重要的是，**請大家把焦點集中在「心情愉快」**，小心別被企業壓榨而過勞。

和島律師的教誨：「不要刻意挑選他人」

恩師和島律師教導我許多道理，以下的故事就是其中之一。

我任職於和島岩吉法律事務所期間，曾負責甄選招聘新職員。刊出求才廣告之後，面試了許多前來應徵的人。當時還是菜鳥的我根據自己的想法，錄取自認爲最適合該職位的女士。其他的應徵者各自都有不同的問題，因而不被錄用。

沒想到，好不容易下定決心錄取這位女士，她竟突然離職。面對事務所亟需新員工的緊急時刻，我頓時慌了手腳。重新招募新職員花費太多時間，我認爲回頭再聘請原本被我拒絕的應徵人選也不太恰當。

我實在想不出什麼好辦法，只能求助於和島律師。只見他從裝滿應徵者資料的檔案夾當中隨手抽出一份履歷，看也不看內容便說：「錄取這個人吧！請你聯絡對方，若她尚未找到其他工作，就請她來上班吧！」

我嚇了一大跳。這份履歷在所有落選的應徵者當中，竟然是我認爲問題最多的那個人！

「您不再仔細挑選一下嗎？」

和島律師笑著說：「沒關係。她不是表明想到我們事務所工作嘛！世界上有那麼多徵才廣告，她特意選擇了我們，這個人沒問題啦！」

一般來說，甄選新員工的程序大多像我一樣先篩選履歷表，經由面試瞭解應徵者的能力與個性，再做出錄取決定。

和島律師竟然完全不看履歷內容，也沒當面見過應徵者，就決定錄取這個人。

和島律師認爲，對方向我們投遞履歷，代表與和島事務所有緣份，一定沒問題。

我對此半信半疑，依照和島律師的指示，聯絡對方聘請她擔任我們的新職員。與她共事一段時間之後，我發現這位女士是一位個性很好的優秀員工。

寫在履歷表的學歷與資歷僅是這個人的一部份，她展現出色能力與認眞的工作態度，讓我深深慶幸眞是押對寶了！

一般說到招聘員工，皆由雇主挑選應徵者。和島律師反其道而行，認爲緣份才是最重要的因素，任由被聘僱的員工來挑選希望任職的企業。

比起挑選他人，更重要的是信任他人。

唯有像和島先生這樣的人格特質才能展現這種態度。

我只看見寫在文件上的學歷與資歷，而相信人與人之間緣份的和島律師的選擇則更加正確。

向我們投遞履歷應徵，就是有緣。

這個想法眞棒！從此之後，我以律師的角色與各式各樣的人進行法律諮詢，也逐漸領悟緣份的重要性。

重視緣份，才能增進運勢。

這是我長久累積獲得的經驗心得。

無利可圖就態度丕變的醫師

很久以前，我的內科醫師是一位溫柔對待病患、認眞仔細診察及施行治療的優秀醫師。病患們對他讚不絕口，他是醫院裡的大紅人。

然而身為律師的我，從工作時接觸到的醫院相關資訊當中，得知這位醫師的另外一面。

病患們對他推崇有加，他卻是製藥公司和醫療器材業務人員口中惡名昭彰的醫師。「還不快把你們公司的藥品和器材給我送來！」他總是用傲慢態度要求業務人員提供免費服務。

他也用傲慢又冷酷的態度對待醫院聘請的護理師、藥劑師以及其他工作人員。

我身為律師必須遵守保密義務，無法向外人透露這位醫師的惡行，但我再也不想去那間醫院看病，也不再像以前一樣積極介紹親朋好友去那間醫院求診。

後來我便逐漸淡忘這位醫師。幾年後，這間醫院由於經營不善而倒閉。

有利可圖才展現溫柔的一面，沒有利益就變得冷酷無情。

這種人無法留住運勢，請各位讀者引以爲戒。

傳承品德即可召喚好運

律師經常接受老年人前來諮詢安排繼承財產的策略。他們希望將自己長年累積的財富盡可能地傳遞給子孫，遺產稅越少越好。這一類的諮詢算是家常便飯。

說到節稅策略，與其向律師諮詢，倒不如找會計師討論更加合適。許多人卻認爲，律師應該知道許多法律漏洞，諮詢的主題總是圍繞著「怎麼做才能留下更多錢給子孫」。

然而，無論再怎麼節稅，**即使子孫繼承龐大財產，實際上不一定是件好事**。長輩辛辛苦苦累積財富，費盡心思節稅，成功將大筆財產留給子孫，子孫卻因爲這筆遺產而遭遇不幸，這種實際案例我見多了。

最常見的例子是，子孫一拿到大筆金錢就沉迷賭博。

累積財富的人深知金錢的價值，小心翼翼把錢花在刀口上。對於遺產繼承人而言，這些財富不是親手賺來的，他們不明白金錢的價值，也不懂如何有效運用金錢，隨隨便便就把財富浪費在吃喝玩樂。

縱使不沉迷賭博，亦有不少人流連忘返高級酒店，陶醉在溫柔鄉。「喝酒、賭博、玩女人」便是所謂的三大娛樂。

一旦走上這條路，就算獲得上億的遺產，也將在幾年之內揮霍殆盡。沉迷玩樂之人，很難在往後的人生重新振作，只會不斷向下沉淪。

以往的遺產繼承人若是女性，鮮少有接觸賭博以外的玩樂管道。現代社會已今非昔比，女性也能進出牛郎俱樂部，周旋於年輕帥哥之間，照樣把遺產花個精光。

我認為，無論長輩多麼辛苦存錢，**現實情況卻是留下大筆財產，也無法保證子孫**

過得幸福。

若想讓子孫過著幸福人生，留下金錢以外的事物則是比較好的做法。

日本關西地區有些從古代流傳至今的名門家族。我很明白這些家族子孫昌盛的原因並非祖先留下的財產。

這些古老的家族，幾乎都保有各自的家訓。

比方說，這些家訓大多勸戒子孫保持質樸簡約、不可傲慢、與周遭的人們協力合作、生而在世就要有所貢獻、指引心靈方向等諸如此類的教誨。

古老的名門家族都非常重視家訓，正是他們長期維持家族繁盛的關鍵因素。

與其遺留財富，不如傳承品德。

希望子孫獲得運勢加持並過著幸福人生，可別忽略這個道理。

臨死才知道什麼是真正的幸福

這是一位律師朋友過世時的故事。他曾擔任數屆律師協會的職務，許多國會議員、市長、上市企業的董事都出席他的葬禮。出席葬禮的賓客很多，告別式非常隆重盛大。

儀式進行到家屬捻香的時候，會場突然瀰漫一股異樣的氣氛。捻香的家屬竟然只有他的妻子和子女，完全不見其他親戚的身影。

出現這樣的場景，應該是家族內部產生某些糾紛吧！

另一則故事是，某位有錢人向我諮詢如何將遺產分配給五位子女。我前往這位客戶的大宅邸時，他告訴我：「我明明有五個孩子，卻沒有人肯讓我去拜訪他們。」

我以為他一個人住在這麼大的房子裡一定感到寂寞難耐，便提議：「您累積這麼多財富，一定受過許多人的幫助，何不把一部份的遺產捐贈給公益團體呢？」

客戶一口拒絕：「這可是我辛辛苦苦累積的財產，我連一塊錢都不想讓給其他人。如果可以的話，我其實想把所有的財產一起帶去天國。」

聽他這麼說，我就明白了。

沒有人想要接近抱持這種想法的人，難怪親生子女都不願意親近他。

成功獲得社會地位、賺取大筆財富，乍看之下似乎過著幸福生活。然而，必須等到人生走至盡頭，才能判斷是否眞的幸福。

我認爲，**懷著幸福的心情迎接死亡，才是眞正的幸福**。

幸運的秘訣不在於金錢，而是品德

每個人都想獲得金錢，但「有錢就是幸福」這句話並不正確。**明明獲得大筆金錢，卻一點兒也不覺得幸福的人還眞多。**看看前來進行法律諮詢的有錢人，就能明白這個道理。

我來分享某位客戶的例子。

客戶是一對夫妻，將一間建設公司經營得有聲有色。他們的業績節節攀升，成長爲擁有將近一百間下游轉包商的大企業。

他們發現公司的會計總監盜用公款，來找我進行法律諮詢。

聽他們敘述詳情之後，我逐漸明白，這對夫妻即使非常有錢，卻一點兒也不幸福。

他們首先敘述盜用公款一事，會計總監想要辭職獨立創業，不僅盜領公司的公款，連客戶的款項也不放過。

爲什麼會發生這種事呢？我仔細一想便明白了，原因在於這對老闆夫妻連一點正向的聲望口碑都沒有。

隨著企業規模愈來愈大，財富日益增加，這對夫妻的評價竟一落千丈。丈夫縱情於高級酒家，甚至包養情婦；太太大肆購買貴重首飾與名牌服飾，過著極盡奢華的生活。

夫妻感情破裂，吵架乃是家常便飯。

老闆的這副德性讓員工看不順眼，員工乾脆有樣學樣，難怪會計總監會盜用公司與客戶的公款。

這對夫妻雖然賺取龐大的金錢，卻失去員工的信賴，也失去夫妻之間的羈絆，陷入不幸人生的深淵。

光是有錢，也無法得到幸福。

品德是獲得幸福的必要條件。

稍微思考便能明白這個道理。我們無法只靠著自己的力量累積財富，即使事業有成，也不是自己一人的功勞，而是藉由員工與客戶等許多人的幫助才能成功。

遺忘這個道理將失去人心，甚至引發反動力量，連金錢都守不住。

依靠許多人的協助獲得成功、累積財富，也要把財富回饋給這些人。

抱持這種品德良善的想法，才能獲得幸福。

根據我擔任律師的經驗得知，**重視品德大於金錢，才是真正獲得幸福的成功人士。**

超市食品的保存期限

事業有成、運勢極佳的人有一個共同特徵——他們把全體的利益放在個人的利益之前。

效仿運勢極佳之人的處世方式，說不定能提升自己的運勢。老實說，我也經常效法他們的作風。

我最常效法的人，就是「黃帽汽車百貨」（Yellow Hat）創辦人鍵山秀三郎先生。

鍵山先生到超級市場或便利商店購買食品，一定會檢查保存期限，特意挑選購買快過期的食品。

快過期的食品比較不新鮮，味道也差了一點，一個不注意便很可能在冰箱裡腐壞。

以一般人的角度來看，鍵山先生根本故意挑選劣質食品嘛！

我實在想不通他爲什麼這麼做，忍不住發問，鍵山先生回答：「食品一旦過期就無法再販售，店家只能報廢處理。這麼做不僅浪費食品，也造成店家的損失。如果我在食品過期之前買下它們，便可避免這種情況。」

以常識來看，挑選商品時，保存期限越長越好。我不禁思考，這眞是正確的觀念嗎？

站在顧客的立場，保存期限較長的食品比較新鮮，能夠長期貯存也比較划算。

然而，這樣眞的比較划算嗎？

大家都這麼做的話，超級市場勢必要報廢許多食品，導致店家的獲利減少，不得不調漲商品價格以維持營運。店家一旦漲價，顧客就得購買比較貴的商品。不調漲價格的店家面臨倒閉，若鄰近地區少了販售食品的商店，顧客的生活將遭遇許多不便。以整體社會的長遠發展來看，快過期的食品數量增多，也會造成顧客的損失。

鍵山先生考量到整體社會發展，才會做出看似吃虧、實際上對自己有利的購物方式。

只考慮到自己，才是真正的吃虧。

運勢就是這樣溜走的。

我建議將眼光放至整體考量，便能獲得意想不到的收穫，運勢亦將隨之好轉。

精神飽滿是最重要的因素

我只是個平凡男子，沒有什麼特別的長處，我的特點只有「精神飽滿地打招呼。」

偶爾受邀演講時，觀眾經常被我宏亮的招呼聲嚇一跳。到銀行辦事，銀行職員稱呼我「西中先生」，我大聲回答「有！」引起周遭人群注目。

老實說，我之所以這麼大聲打招呼，是爲了藉機培養品德。

我以律師的身分與許多公司合作，發現一個現象——

越有精神的公司，業績越好。

每當我前往企業的營業部門洽公，只要**員工們展現充滿朝氣的宏亮聲音，這間公司的業績便蒸蒸日上。**

相反地，**倘若我覺得「這間公司的員工很沒精神」**，該公司便會遭遇許多問題。比方說，客戶宣告破產，連帶使企業陷入危機、老闆發生事故等各種倒楣狀況。

老闆的精神是經營公司最重要關鍵。老闆精神飽滿，員工跟著朝氣十足，**老闆的精神正是召喚運勢的利器**。

有個以企業經營者為中心的組織叫「倫理法人會」，每位會員總是精神奕奕的樣子。該組織每週舉行晨會（早上六點半開始），出席的會員都精神飽滿，每當我受邀參加時，我也被他們的精神感染而朝氣十足。

精神飽滿地打招呼，不僅讓人看了心情舒暢，亦展現朝氣蓬勃的生命力。

倫理法人會由社會教育家暨思想家丸山敏雄先生創立，會員皆為以倫理為企業經營宗旨、充滿上進心的企業經營者。目前組織的法人會員約有六萬三千多家企業，個人會員約有十六萬五千人。朝日啤酒公司榮譽顧問中條高德先生非常認同組織的宗旨而大力支持。
爲了讓會員更容易實施以倫理爲基礎的成功法則，組織提出十七則標語與短文集結而成「萬人幸福守則」，其中幾條守則與我的親身經驗非常相似。
舉例來說，第四條守則「想要改變他人之前，先改變自己。」與前文介紹過預防伴侶外遇的秘訣具有相同的概念。此外，第九條守則也與我的經驗法則「狡詐的後果將反噬到自己的身上」相同。
我很驚訝竟然有這麼多幸福守則與我的親身經驗雷同。
身爲平凡人的我，耗費近五十年終於領悟的道理，丸山先生早已鑽研透徹，積極向世人推廣，以期幫助更多人。
我由衷對他佩服得五體投地。
我想強調的是，倫理法人會並非宗教團體或思想團體，而是由立場中立的企業經營者組成，參加的會員皆是像我這樣希望培養品德的一般人。大家都希望分享組織的蓬勃朝氣，使運勢節節高升。

讀者們別忽略了精神也是品德的內涵之一，精神飽滿才能召喚運勢。

百分之五十的新興企業在三年內倒閉，五年內有百分之八十、十年內有百分之九十五的企業宣告破產。企業宣告破產，致使員工的生活根基分崩離析，實在罪孽深重。

精神就是品德的內涵。

有鑑於此，企業經營者們可別忘了這個道理。

無法實踐六項心法將導致紛爭

向人打招呼是一種有效增進品德的方法。

之前的事務所爲了促進員工的品德，將集結向人打招呼的重點的「六項心法」，當作精神標語張貼在牆壁上。每位前來洽公的客戶都稱讚：「寫得眞好！」不少人詢問：「能不能影印一份給我？」

或許有些讀者已經聽說過這「六項心法」，又稱爲「扶輪精神」，內容爲：

一、說「早安」，開朗的心。

二、說「好、是的」，坦率的心。

三、說「抱歉」，反省的心。

四、說「我來做吧」，積極的心。

五、說「謝謝」，感恩的心。

六、說「托您的福」，謙虛的心。

日常生活中實施這六項心法，便能培養品德。不僅人際關係更加圓融，紛爭也隨之消散。

來律師事務所洽公的人，其實都明白這些道理，因此稱讚這些語錄寫得眞好。然而現實中卻無法徹底實踐，才會與人產生紛爭，必須向律師進行法律諮詢。心裡明白是一回事，實踐起來又是另一回事。

想要提升心靈，先從打招呼開始。

爲了召喚幸運，請大家務必試試看。

「看不清事實，就無法磨練心志」

個性決定運勢，該怎麼做才能改善個性呢？

仔細想想，眞是個難題啊！我曾有不知該從何處做起而造成誤會的經驗。

我曾經參加某座禪寺舉辦的坐禪活動。禪寺的和尚問我：「您來此處的目的爲何？」

「爲了磨練心志而來。」

我信心滿滿地回答，自認爲說出模範答案，和尚一定會誇獎我「眞不錯！」，沒想到，和尚卻對我說：「如果看不清事實，就無法磨練心志。請您先從磨練看清事實開始吧！」

我頓時感到羞愧不已。嘴上說著磨練心志，倘若心裡缺乏明確目標，根本不知道該從何磨練起，我竟然還擺出一副沾沾自喜的模樣。

和尚讓我明白，比起磨練心志，更重要的是磨練如何看清事實。拚命盡力做好看似理所當然的瑣事，就是磨練自己最好的方法。

想要磨練個性，請拚命盡力做好看似理所當然的瑣事。

從那時起，無論是每天的工作、向人打招呼、打掃等各種日常生活的活動，我一定用心盡力做好。

看不清事實，就無法磨練心志。

與其挑戰困難的任務，更重要的是認眞做好看似理所當然的瑣事。

第四章重點整理

- 品德，也就是個性決定運勢。
- 競爭激烈的年代裡，擁有良善的個性，就能獲得幸運青睞。
- 老闆的個性撫平員工的不滿。
- 經營者的品性決定企業的運勢。
- 想在職場上召喚運勢，就別計較得失。
- 不計較得失、心情愉悅地工作，即可提升運勢。
- 注意「工作時保持心情愉悅」，避開黑心企業。
- 比起挑選他人，更重要的是信任他人。
- 珍惜緣份就能扭轉運勢。
- 無利可圖就擺出冷酷的態度，導致運勢低落。
- 與其遺留財產給子孫，傳承品德更加重要。
- 懷著幸福的心情迎接死亡，才是眞正的幸福。

- 運勢極佳之人總是把整體的利益擺在個人利益之前。
- 只顧慮自己，其實是一種損失。
- 精神就是品德的內涵。
- 想要提升心靈，從打招呼開始。
- 看不清事實便無法磨練心志，先從磨練看清事實開始吧！

第五章

言語

言語是人際關係的基礎

影響運勢波動的關鍵是「人」。

維持良好的人際關係，便能使運勢蒸蒸日上。

第一章已經討論過，好人的身邊一定聚集好人，壞人的周遭一定吸引壞人。交友關係隨著人際交往方式而有所差異，乃至於影響運勢好壞。

言語是人際關係的開端。人類透過言語進行溝通，進而建立人際關係。該使用哪一種言語、什麼樣的溝通方式才能改善運勢呢？有幾則改善人際關係的小秘訣，帶領你邁向幸福人生。

首先，是對話言語的訣竅。

改善人際關係、扭轉運勢的良性言語有三大類——第一是爲他人著想的言語，第二是鼓勵的言語，第三是讚美的言語。

爲他人著想的言語建立人與人之間的信任，鼓勵的言語使人心情開朗，讚美的言語激發動力。

這些言語培養出的人際關係，將帶動運勢好轉。

其次，是溝通的訣竅。

我除了擁有近五十年律師經驗，也有擔任「生命線」諮詢員十年以上的經驗。我從這些經驗當中學到的訣竅就是「率先接納對方」。良好溝通的基礎，並非拚命向對方推銷自己的意見，而是率先展現完全接納對方的態度。

第三，是文字言語的訣竅。

近年來行動電話和智慧型手機日漸普及，透過電子郵件往來聯絡已成爲最新趨勢。人們愈來愈少使用書寫賀卡或信件的文字言語。

想要扭轉運勢，我建議大家重拾賀卡或信件的書信往返。寄出許多慰問賀卡或信件給悲傷難過的人，幫助他們一解煩憂，運勢將隨之好轉。

接下來，我用更具體的故事介紹言語和運勢的關係。

弟弟的一句話圓滿解決遺產紛爭

爲他人著想的言語擁有召喚幸運的力量。

特別是誠心誠意爲他人著想的言語，具有徹底扭轉運勢的力量。

我親眼見證無數次這樣的實際例證，以下分享最令我難忘的案例。

三十多年前，大阪有一對兄弟爲了爭奪父母的遺產而僵持不下。

這對兄弟的父親經營超級市場，哥哥擔任專務董事，弟弟擔任常務董事。擔任總裁的父親過世後，超級市場由哥哥繼承經營，弟弟離開公司獨立創業，開設另一間超級市場。

遺產繼承問題的主因，是一片位於大阪市內的五百坪土地。當時該土地的市價超過一億日幣，兄弟各自主張「這片土地是我的！」而互不相讓。

承接法律諮詢的我，當然力勸這對兄弟圓滿和解。我建議他們分別領取一半的所有權，看是要販售土地，或其中一人付給對方半數土地的市價而取得整片土地，但兩人都拒絕接受我的提議。

兄弟二人鬧上法院進行調解。雙方依舊堅持原本的主張，調解失敗便進入訴訟階段。

我認為走到這一步算是最壞的發展。訴訟過程中，雙方一定會激烈互相攻擊。即使贏得訴訟獲得遺產，心裡也留下一大塊疙瘩，再也無法原諒對方。輸掉官司的一方，必定對贏得遺產的人憎恨不已。

失去父母已經夠不幸了，若連唯一的兄弟也互相憎恨，只會使悲劇更加悽慘。

這是一條通往運勢谷底的不歸路。

過世的父母一定不希望看見兄弟互相憎恨。這是多麼不孝的行為啊！我身為律師，無法透過法律諮詢幫助他們，實在非常挫折。我深深地覺得對不起把財產遺留給子孫的亡者。

作爲這個案件的律師，我懷著忐忑不安的心情，和這對兄弟與法官一同出席決定中止調解的宣判庭。

然而，宣判庭上竟然發生了誰也預想不到的事。案情瞬間急轉直下，遺產紛爭就此解決落幕。事件的轉捩點，是弟弟低聲喃喃自語的一句話：「我絕對不會做出不利於哥哥的事。」

簡單的一句話，竟是好運與壞運一線之隔的分歧點。

傳遞「為哥哥擔憂」的言語

「事到如今，你在說什麼啊？」

哥哥忍不住質問弟弟這句話的意思。官司正要開始，我在一旁緊張不已。弟弟瞪著哥哥回答：「我是說，就算我得到那片土地，我也不會做出不利於哥哥的事情。」

「你是認真的嗎？你再說一遍！」

聽到哥哥的語調微微顫抖，讓我鬆了一口氣。

「哥哥或許不相信我，但我絕對不會把土地賣給競爭對手的超市。我從來沒想過這麼做！」

弟弟的口氣已經不如先前那般尖銳，哥哥用顫抖的聲音問道：「真的嗎？」

吐出這三個字以後，哥哥再也說不出話，取而代之的是毫不掩飾的哭泣聲。弟弟也跟著嚎啕大哭。

我終於瞭解整件事情的來龍去脈。

原來這件遺產紛爭的起因並非出自於對土地的佔有欲，而是兄弟之間互不信任。

這片土地鄰近這對兄弟的父親開設的超級市場。擔任總裁的父親原本計畫於此地開設第二間超市，卻在計畫實施之前撒手人寰。繼承公司的哥哥立志實施父親的遺願，打算在這片土地上開設分店。

弟弟絲毫不知道哥哥的心思，一心只想獨佔父親的財產。畢竟弟弟剛獨自創業不久，打算賣掉五百坪的土地籌措創業資金。

這個舉動促使哥哥懷疑弟弟爭奪遺產的用意。

「他那麼恨我，一定會把土地賣給其他競爭對手的超市來打擊我的生意。我只想用心經營父親遺留的店面，那傢伙卻滿腦子盤算自己的利益。」

爲了守護父親遺留的店面，哥哥態度強硬地拒絕把土地讓給弟弟。

沒想到，弟弟出乎意料地說：「我絕對不會做出不利於哥哥的事。」

這句話消除了哥哥對弟弟的猜疑。哥哥一定滿心歡喜，堂堂男子漢才會毫無顧忌當庭大哭。

看著哥哥哭泣的模樣，弟弟才發現自己誤解哥哥。哥哥對這片土地如此執著，並非出自於佔有欲或討厭弟弟，而是想要守護父親遺留的店面。領悟到這一點的弟弟也跟著嚎啕大哭。

解開彼此的誤會，這對兄弟撤回訴訟，立刻圓滿和解。

兄弟倆決定，由哥哥繼承這片五百坪土地，支付弟弟市價一半的金額。

兄弟倆和好如初，九泉之下的父親一定感到欣慰不已。這場遺產紛爭裡，身爲律師的我一點忙也沒幫上。多虧了弟弟的一句話，讓兄弟倆獲得幸運青睞。

我長期擔任律師，見識各式各樣的紛爭。律師靠著人們之間的紛爭維生，實際上卻希望盡力避免紛爭。與人產生紛爭完全沒有任何好處。

紛爭使運勢走下坡，是邁向不幸人生的入口。

律師即使明白這個道理，依然靠著紛爭吃飯，實在是罪孽深重的職業啊！

人生中最悲哀的事莫過於爭奪遺產。失去父母已經夠悲傷了，緊接著與兄弟姐妹或親戚爭奪財產，令人難以消受。

面對遺產紛爭，我總是力勸客戶盡快和解，不要上法院打官司。現實情況卻鮮少出現圓滿解決的案例。

大多數人都不肯放棄財產，加上兄弟姐妹之間容易產生長久以來的嫌隙，因此不願意聽取律師的建議。

這個案件裡，身為律師的我原本無能為力，卻因為簡單的一句「打從心底為其他人著想的言語」解決紛爭，進而改變這兩位客戶的運勢。

言語決定人的運勢。

這個案件讓我體悟到，由衷爲他人著想的言語，在某些場合確實能夠召喚強大的幸運。

請各位讀者好好重視爲他人著想的言語，簡單的一句話，說不定爲你帶來出乎意料的好運。

讚美他人能改善運勢

讚美的言語能有效改善運勢。

許多企業老闆到我的法律事務所進行諮詢，他們幾乎都是「擅長讚美他人」的類型。

擅長讚美他人與事業成功有什麼關係呢？

根據我的觀察，擅長讚美他人確實與事業成功息息相關。我有很長一段時間怎麼樣都想不透其中的道理，直到最近才藉由一件小事解開這個謎團。

這個契機就是「卡啦ＯＫ」。坦白說，卡啦ＯＫ是我的罩門。我本來就不太會唱歌，在別人面前開口高歌更讓我難爲情，我一直躲避各種上台唱卡啦ＯＫ的場合。

某次會議之後，實在難以婉拒卡啦ＯＫ邀約。我依照慣例推辭麥克風，反被大家硬拱上台獻唱，就在此時——

「西中先生，您唱得眞棒！」

我心裡明知這只是客套話，依舊忍不住竊喜，精神也隨之振奮。從那時起，我就敢放膽開口唱卡啦ＯＫ。

我不禁暗自感慨：「讚美的威力實在太強大啦！」

讚美使人開心並振奮精神，進而克服原本不擅長的事。

企業老闆若將這股威力運用在員工的身上，事業當然馬到成功。

正因如此，許多事業有成的老闆都很擅長讚美他人。

長年的謎團終於獲得解答，讓我感到心滿意足。

讚美的言語是促進人心向上的動力，事業有成的人大多非常擅長讚美他人。透過讚美引發周遭人們的潛力，對於改善事業運勢有著顯著的效果。

不只企業老闆懂得善用讚美的威力，平時多加讚美他人，就有好事發生。

最明顯的特徵是，擅長讚美的人鮮少與周遭人群產生衝突。

捲入紛爭而前來法律事務所諮詢的人當中，擅長讚美的人大多圓滿與對方和解，極少讓事態擴大到上法院打官司的地步。

相反地，經常鬧上法院的人，大部份都不擅長讚美的言詞，甚至從來不曾開口說出任何誇獎他人的話。

紛爭是導致運勢低落的關鍵因素，不肯開口讚美的人，就會招來厄運。

讚美他人能改善運勢，不肯開口讚美將招致厄運。

請大家別忘了這個道理。

「成為鎮上最棒的雜貨店」

鼓勵的言語具有使人心情開朗的力量。

這股力量長久持續下去，數十年來擔當心靈支柱，就能改變未來。

我想與大家分享這樣的實際例證。

知名小說家芹澤光治良老師年輕時，曾經擔任小學老師。

他問學生們未來有什麼夢想，除了想當博士、想當內閣部長的答案，回答「想當將軍」的孩子也不少。

其中一位孩子卻說：「我家開雜貨店，我以後也要當雜貨店老闆。」

班上其他同學紛紛嘲笑這位孩子的夢想太渺小。芹澤老師沒有跟著大家一起笑，而是認同這位孩子的夢想，對他說：「很好啊！你要開設鎮上最棒的雜貨店喔！」

老師的這番話讓孩子雀躍不已，長大之後也沒忘記，果眞開設鎭上最棒的雜貨店。

「全拜老師的一席話帶給我的鼓勵所賜。」

這位老闆向老師表達感激之情，老師似乎不記得這段往事：「我有說過這樣的話嗎？」

這一則眞實故事告訴我們，鼓勵的言語具有出乎意料之外的力量。

不經意的一句話，有可能改變其他人的人生。

讓我們重溫一下改善運勢的言語——

一、爲他人著想的言語，能夠徹底扭轉運勢。

二、鼓勵的言語促進人心向上，創造事業高峰。

三、讚美的言語使人心情開朗，提升生涯運勢。

大家應該都明白言語與運勢的關係吧！
想要提升運勢，先從開口說好話開始。
各位讀者們別忘了這個祕訣。

穿黃衣的職員

現今社會裡，人際關係是許多人的共同煩惱。除了職場以外，即使是興趣相投的同好會或俱樂部，也愈來愈多人因爲人際關係惡化，感到孤立而痛苦難耐。

根據我的經驗，改善人際關係的關鍵在於溝通。

接下來，我將透過具體的故事，說明如何藉由溝通改善運勢的方法。

首先介紹的是，**溝通的秘訣在於接納對方**。

我經歷某個眞實事件才領悟這個道理。

四十多年前，我剛成爲獨當一面的律師，創立個人法律事務所。開設事務所需要聘僱員工，我面試了幾位應徵者，錄取一位二十多歲的男性職員。這個人在面試時看不出他的眞實性格，共事之後立刻發現他其實是一位個性十足的人。他竟然在第一天報到時，穿著黃色背心來上班。

我說的黃色可不是一般普通的黃色，而是非常顯眼的鮮亮顏色。我認爲律師事務所員工做這種打扮實在格格不入，便要求他：「能否請你改穿普通一點、顏色比較沉穩的背心呢？」

這位職員堅持不肯換掉黃色背心。經過再三提醒，他仍舊我行我素。老實說，我也被他惹毛了。

少根筋的傢伙！爲什麼總是講不聽呢？

我一肚子怒氣，甚至想著假如他無論如何不肯改變衣著，乾脆開除他算了！

他應該想不到會因爲衣著打扮而丟掉工作，我也不想隨便開除員工啊！倘若允許他穿著不恰當的服裝來上班，搞不好會影響事務所的評價。

我認爲開除他是不得已而做出的決定。

讓我對這件事情改變心意的契機，竟然是我家當時剛上小學的大兒子。

某個假日，我看見大兒子把金魚撈進水族箱，帶進自己的房間。看著在自己的房間裡興致勃勃地盯著金魚的年幼兒子，我突然領悟到一件事：「黃色背心對那位職員來說，應該跟兒子的金魚一樣吧！他們都把金魚和黃色背心當作心愛的寶物，我卻忽略了他的心情。」

金魚是孩子的寶物，看再久也不膩。然而，金魚對我來說卻沒有那麼重要。同理可證，黃色背心是那位職員的寶物，我只是不明白背心對他的重要性。即使我要求他「別再穿了」，他也不肯輕易點頭妥協。

他反而因爲自己的寶物不被認同而暗自生氣。

我終於瞭解這位職員堅持穿黃色背心的心情，隔天向他道歉：「很抱歉之前一直叫你換衣服，你應該很不高興吧！這件背心一定是你很重要的寶物吧！」

他開心地回答：「您終於瞭解我的心情了！」

後來他主動不再穿著黃色背心來上班。他也明白，即使是自己珍視的寶物，也不適合律師事務所的調性。

他原本就是稱職能幹的員工，從那時起，他便加倍努力工作，四年後另有生涯規劃而平和地主動離職。

假設當時的我最後仍無法理解他堅持穿黃色背心的原因而開除他，我自己的心裡也不好受，說不定甚至引發紛爭。萬一走到這一步，他任職的四年期間就會淪為我倆相互怨懟的不幸時光。

我很慶幸藉由理解他對黃色背心的情感，得以幸福愉悅的心情度過相同的時間。

接納對方才能達成良好溝通

每個人認知的重要事物皆不同，即使是自己認爲沒什麼價值的東西，說不定是其他人眼中價值連城的寶物。

擅自認定某件事物是「沒意義的東西」，表示這個人的心胸非常的封閉狹窄。同樣心胸封閉狹窄的人們之間很容易產生紛爭。

有鑑於此，想要達成有效的溝通，首先必須敞開心胸接納對方。

我從那位穿黃衣的職員身上學到這一條寶貴的教訓。

律師這份工作，全仰賴與客戶之間的人際關係來維持。我長期以來花費許多時間，絞盡腦汁思考如何讓人際關係成爲職場上的助力。

綜合長年的經驗與心得，我發現一項改善人際關係的簡單方法——

「徹底接納對方。」

黃衣職員的故事證實這個道理，我倆最終達成良好溝通，正是彼此接納對方的緣故。

我討厭黃色背心，請他改變穿著。然而，「別再穿了！」這句話毫無成效，導致我倆的人際關係持續惡化，甚至讓我興起開除他的念頭。

一旦我認知「黃色背心是他的寶物」，我們的人際關係頓時產生一百八十度轉變，他再也沒穿過黃色背心來事務所上班。

北風與太陽的故事亦是同樣的道理。

無論北風如何強力吹拂，都無法讓旅人脫掉外套；太陽溫暖旅人的身體，便順利達成目標。

同理可證，我們不應擅自判斷對方的好壞，必須先接納對方原本的樣貌，才能改善人際關係。率先接納對方的一切，彼此之間的溝通才能進入良性循環。

我要強調的是，我們不需要和對方擁有相同的喜好。我不需要跟那位職員一樣認為「黃色背心是我的寶物」。

我的意思是，「我雖然不明白黃色背心的好處和重要性，但我尊重你把它當成寶物的心情。」

一樣米養百樣人，喜歡穿著具有強烈性格的服裝、誇張打扮的人並不罕見。假如我們嫌棄對方「無知」、「難看」，否定他全身的裝扮並狠狠嘲笑一番，一定會引起對方的反感。

沒有人喜歡自己的寶物被其他人輕視的感覺。

良好的溝通就從徹底接納對方開始。

擔任律師多年的我認為這是建立良好人際關係的基礎。

只要安靜地傾聽就好

我曾經擔任十年「生命線」諮詢員，從這個經驗學到不少溝通技巧。

被逼到走投無路差點自殺的人，抱持抓住最後一根浮木的心情，打電話向「生命線」諮詢，因此「生命線」諮詢員都以非常嚴肅的態度看待這份工作。

然而，諮詢員過度熱心與對方談話，反而造成反效果。諮詢員與來電者進行有效諮詢的秘訣就是「不要過度反應」。

這個祕訣的內涵之一便是「盡量保持沉默，傾聽對方訴說。」讓我掌握這個技巧、成爲一名優秀諮詢員的契機，始於某個出乎意料的夜晚。

白天的沉重工作讓我疲憊不堪，沒想到意外造就圓滿的諮商成果。

當天晚上，透過生命線向我諮詢的人，每個人最後都心滿意足地表示：「非常感謝您這麼瞭解我。」

老實說，當天我在生命線上幾乎沒說太多話。我身心俱疲，諮詢過程中只能應聲附和「哦，原來如此」、「嗯，這樣啊！」。

沒想到，諮詢效果竟然出乎意料的好。我對這樣的成果感到驚奇無比，連續幾日反覆思考，終於明白其中的道理——

「關鍵在於安靜地傾聽對方訴說。」

我原本認為，來電者都是為了迫切的問題才打電話來諮詢，我必須拚命為他們思考解決辦法或提供建議。

然而，這些都不是來電者需要的協助。

他們只希望有人傾聽他們訴說。

這才是煩惱纏身的人最迫切的需求。

當天我處於過度疲勞而無法開口談話的狀態，反而造就專注傾聽來電者訴說的成效。

傾聽對方訴說，意謂著「徹底接納對方」。

只要安靜地傾聽就好。

「生命線」讓我明白這個改善人際關係的秘訣。

把接到的球原封不動地丟回去

溝通有助於改善人際關係。不只律師這一行需要倚重溝通技巧，許多職業和場合的人際關係亦深受溝通能力影響。

比方說，對酒店小姐而言，溝通技巧是職場決勝負的最重要關鍵。溝通技巧高明的酒店小姐才能吸引客人不斷上門消費。

在大阪知名風化場所之一的北新地、被譽爲業績第一的酒店小姐，其容貌和打扮都非常普通，但她擁有出類拔萃的溝通技巧。我曾經因爲工作的關係，數次到北新地應酬，有機會觀察這位酒店小姐的工作情形，發現她確實非常專注傾聽客人談話。

這位酒店小姐和「生命線」諮詢員一樣，大多數的時間都讓客人盡情暢談，自己偶爾應聲附和。

這位酒店小姐印證「徹底接納對方」正是良好溝通的訣竅。

該怎麼做，才能徹底接納對方呢？有一個具體的方法就是——

「鸚鵡學舌。」

對方說：「似乎要下雨了。」你接著說：「要下雨了嗎？」對方說：「真討厭下雨天哪！」你回答：「真的很討厭欸！」

這種對話像拋接棒球，接到球以後，直接丟回去，這樣就可以不斷反覆拋接球。

相反地，對方丟球過來時，若你揮棒擊球，會產生什麼後果呢？

「你幹嘛啦！這樣很危險欸！」

一定會引發雙方口角爭吵。

溝通就像拋接棒球，把接到的球原封不動地丟回去。

這就是良好溝通的訣竅，很簡單吧！

這樣看似簡單的道理，對於年齡越長、社會歷練越多的人來說，出乎意料地難以實施。事實上，「生命線」幾乎不會錄用律師與教師擔任諮詢員。從事這些職業的人，早已習慣以上對下的態度來指導他人。

「生命線」偏好錄用二十多歲的學生。他們的社會經驗不多，反而願意專心傾聽對方訴說。我五十多歲才開始擔任「生命線」諮詢員，算是非常罕見的情況。

社會歷練越多，溝通越容易出問題。

夫妻關係亦是如此。夫妻經常不專心聽對方說話，回答時甚至多應了幾句沒必要的話，溝通效果奇差無比。

假如太太說：「我今天去賞花唷！」先生卻說：「眞羨慕你那麼閒。」兩人爲了這句多餘的回話開始吵架。

若先生回答：「我已經很累了，幹嘛跟我說這些。」對話戛然而止。長久下來，夫妻之間幾乎無話可說，陷入孤單冷漠的僵局。

這些溝通失敗的對話，皆起因於先生沒有把太太說的話原封不動地返還，甚至節外生枝多嘴幾句造成的。

先生最好的回答是：「哦，你今天去賞花呀！」

太太接著說：「花開得很美呢！」先生依樣畫葫蘆：「這麼好看啊！」太太心情大好：「對呀！還偶然遇見某某人耶！」順勢開啓話匣子。先生聽著太太訴說，不僅瞭解對方一整天的行程，也能體會她的心情。日積月累下來，夫妻感情自然親密無間。

太太告訴先生「去賞花」，先生就回答「去賞花」；太太說「花很美」，先生跟著回答「花很美。」

良性溝通的訣竅，就是把接到的球原封不動地丟回去。

相信他人

我曾經擔任「大阪PHP之友協會」會長，該協會不僅舉辦開放給一般民眾參加的活動，也有專門提供企業老闆出席的會議。

參加企業老闆會議的大多是二十多歲到四十多歲之間的年輕人，他們非常熱衷出席這一類活動。

然而，最近無論是座談會或社交活動，出席的年輕人日漸減少，較難出現活絡的交流，讓舉辦單位傷透腦筋。爲什麼以往舉辦活動能大獲成功呢？答案竟然是某位女士的緣故，讓我深感不可思議。

這位關鍵人物是該協會的會長——村上明美女士。只要觀察村上會長待人處世的態度，便可明白她是一位非常慷慨大方的人。

年輕人經常提出不合理或不恰當的提議，村上會長竟然全盤接收。即使是不可能實施的提案，她也先讚賞對方：「眞不錯。」

這樣的態度促使協會蓬勃發展。

年輕人的經驗不多，往往缺乏自信。若被經驗豐富的人批評：「這不可能實施！你不懂現實情況，才會說出這種傻話。」年輕人一旦被徹頭徹尾地否定，便會裹足不前，也不敢再提出意見或發言。

村上會長率先說出「眞不錯」來認同年輕人，給予他們嘗試機會。在困難重重的實施過程中，這些年輕人就會自行發現該提案不可行，不過偶爾也能收穫意料之外的成效。

這樣的做法自然成爲絕佳的學習管道，增添許多開創新道路的契機。

相信他人。

這是提升對方運勢的秘訣之一。周遭人們的運勢好轉，也會連帶提升自己的運勢。

現代的年輕人大多精神不振。若想透過良好溝通來扭轉運勢，可別忘了這個訣竅。

兩萬張賀卡

我已經介紹過談話言語和良好溝通的訣竅，現在來談談文字言語，也就是賀卡和信件往來的言語。

現代人大多利用電子郵件來聯絡，愈來愈少人寫賀卡或信件，實在非常可惜。**賀卡和信件的文字言語，具有提升運勢的效果**。

我每年都會寄出二萬張賀卡。

我沒有說謊或誇大事實，每年確實寄出二萬張賀卡。我一定會寄賀卡給認識的人，因而累積如此龐大的數量。

讀者們或許認爲處理二萬張賀卡是一項大工程，只要每年習以爲常，就沒那麼困難了。現在我每年分別寄出一萬張賀年卡和一萬張暑期慰問賀卡。

有人問我爲什麼這麼做。我認爲賀卡可以串聯人與人之間的心。事實上，我寄出越多賀卡，委託我的工作範圍就越廣泛。

與他人心意串聯，對方就會爲你帶來好運。

賀卡能夠串連人心，是提升運勢的好方法。

賀卡的重要性在於，對方感到悲傷難過的時候，我們能夠透過卡片上的言語爲對方加油打氣，幫他們一解煩憂。

我每年都會收到約三百封訃聞，我一定會回覆慰問的信件或卡片。我傳達出慰問之意後，經常收到許多家屬的感謝電話或回函。

「悲傷難過的時候，收到您的慰問信件，讓我們得以重新振作精神。」

聽到家屬這麼說，讓我感到十分欣慰。有些家屬甚至告訴我：「一輩子都不會忘記西中先生的關懷。」

人們失去摯愛親友而悲慟不已時，若有人適時表達慰問，便能拯救家屬脆弱的心靈。

文字言語第一個關鍵是——

透過卡片向面臨困境的人傳遞支持。

順帶一提，我建議卡片一定要親手書寫。

我平時不用電腦，身為作風老派的一員，比起現今的電子科技，我更熟悉傳統古法。因此我堅持親手書寫信件和賀卡。

親手書寫雖然麻煩，卻有不少好處。

既然信件和賀卡能夠增添運勢，親手書寫當然比電腦打字更有誠意。不可思議的是，同樣的文字內容，電腦輸出的文字難以打動人心，親手書寫的文字讀起來則令人感動無比。

比起電腦打字，收信人會更認真仔細閱讀親手書寫的賀卡內容。

若想扭轉運勢，請提筆親手書寫。

這是文字言語的第二個關鍵，讀者們可別忘了喔！

寄出賀卡的數量決定運勢

人們爲了解決各式各樣的紛爭而向律師求助。宣告破產、爭奪遺產、離婚等各種問題，皆是與他人產生紛爭的案例。這些上門求助的客戶，都處於與「幸福」兩字沾不上邊的狀態。

另一方面，有些客戶並非爲了紛爭前來進行法律諮詢。這些人都是企業老闆，其中不少人過著幸福快樂的生活。

一樣是人，幸福的人和不幸的人有何差別呢？

書寫賀卡的大師坂田道信先生曾說：「人生的幸與不幸，取決於朋友的數量。從賀年卡的數量就能推算出一個人擁有的朋友數量。」

我向前來事務所進行諮詢的客戶們調查平均寄出多少張賀卡。

比起生活幸福的客戶，紛爭纏身的客戶寄出的賀卡數量寥寥無幾。老闆寄出越多賀年卡，企業經營就越穩定；寄出的賀年卡越少，企業越容易遭遇困境。幾乎不曾寄出賀年卡的企業，過沒幾年就宣告破產。

寄出賀年卡的數量果然與運勢好壞息息相關。

坂田先生還說：「**寄出賀卡的數量反映一個人的實力。**」

賀年卡確實能召喚好運。

不久之前，一位委託我處理案件的客戶，向我展示二十年前我寄給他的賀年卡：「賀年卡的字句讓我好感動！」我在那張賀年卡上寫著詩人相田光男的一節詩句。

原來這張賀年卡勾起他對我的回憶，促使他委託我處理案件。

一個人的實力取決於與他人人心的關聯程度。賀卡是串聯人心的最佳媒介，亦是評估運勢的最佳工具。

希望企業蒸蒸日上，就多多書寫賀卡吧！

請大家務必嘗試文字語言的第三個關鍵。

讓我們一起複習信件與賀卡的書寫訣竅：

一、透過卡片向面臨困境的人傳遞支持。

二、若想扭轉運勢，請提筆親手書寫。

三、希望企業蒸蒸日上，就多多書寫賀卡。

認真實施這三個關鍵訣竅，便能透過賀卡和信件召喚好運。一張簡單的賀卡，或許就是扭轉運勢的轉捩點。

第五章重點整理

- 影響運勢波動的關鍵是「人」。
- 爲他人著想的言語擁有召喚幸運的力量。
- 誠心誠意爲他人著想的言語，具有徹底扭轉運勢的力量。
- 言語決定人的運勢。
- 讚美的言語能改善運勢。
- 不肯開口讚美將招致厄運。
- 鼓勵的言語具有使人心情開朗的力量。
- 想要提升運勢，先從開口說好話開始。
- 徹底接納對方是良好溝通的基礎。
- 徹底接納對方的關鍵在於安靜地傾聽對方訴說。
- 接納對方的重點在於「鸚鵡學舌」，把接到的球原封不動地丟回去。
- 相信他人，有助於振奮年輕人的精神。

- 賀卡能夠串連人心，是提升運勢的好方法。
- 透過卡片向面臨困境的人傳遞支持。
- 若想扭轉運勢，請提筆親手書寫。
- 希望企業蒸蒸日上，就多多書寫賀卡。

第六章

善

身為付出的一方，就能改善運勢

累積善行是改善運勢的好方法。

然而，**累積善行不是一件簡單的事。**

比方說，上班族努力工作，爲社會付出貢獻是一件好事。但工作之後領取薪水，就相互抵銷了，因此上班工作無法累積善行。

學者的辛勤研究成果取得重大發現，促進社會發展。研究成果大幅改善人類生活，但學者藉此獲得學位或社會地位並領取報酬，因而相互抵銷。

企業家亦是如此。埋頭苦幹拚事業，好不容易建立促進社會繁榮的企業，但企業家從中賺取大筆財富而相互抵銷，不能算是累積善行。

仔細思考便會發現，人生而在世，累積許多善行的同時，也接受許多人給予恩惠。

這種情況不只抵銷自己累積的善行，反而倒扣減分，陷入向別人借取善行的狀態。想要改善運勢，就得想辦法累積善行。

這個道理雖然簡單易懂，實施起來卻困難重重。

我非常認同知名哲學家暨教育家森信三教授的教誨。森教授在他的著作《修身教授錄》表示：「比其他人多付出一倍半的勞動，滿足於領取比一般人少二成的報酬，正是修身立命的基礎。」

這樣的想法與現代社會普遍認知「做得少才不吃虧」剛好相反，森教授的主張其實才是實質意義的善行。

「天藏」也是同樣的道理。

付出一百分的勞務，只要求八十分的報酬，並把剩餘的二十分報酬贈予他人。這二十分的贈予看在老天爺的眼裡，成爲累積在老天爺身邊的儲蓄。這樣的儲蓄累積越

多，越能獲得老天爺青睞，成爲這個人的一大助力。

付出額外的勞動卻收取較少的報酬，不僅獲得他人的感謝，也能提升運勢。上述所說的「老天爺」，可以替換爲「宇宙力量」或「神明」。

每天提醒自己積極做善事，逐漸累積善行，人生的運勢就會漸入佳境。

另一則故事也與累積善行相關。

古代中國有一位雲谷禪師曾向袁了凡說：

「無論我們做了多麼微不足道的事，全都被宇宙一五一十記錄下來。做善事就有善報，犯惡行就有惡報。一個人的善惡決定他的命運，一切幸福的泉源就在自己的心裡。

「行善事積陰德，如同《易經》記載『積善之家，必有餘慶』，定能扭轉命運。

「因此你要以行善三千爲志向。」

袁了凡按照雲谷禪師的指示，實踐超過三千項善行之後，不僅通過異常艱難的進士科舉，好事也不斷降臨。

這一則四百年前的故事，對現今的我們而言，依舊是充滿寓意的教誨。

幫助他人，神明就會樂於眷顧你的好運

沒有人希望遭遇不幸，每個人都想讓自己的運勢日漸上升。

該怎麼做，才能扭轉運勢呢？

根據我的經驗，平時的言行舉止與運勢有著密切關聯。運勢極佳的人，普遍具有相同的態度——

這些幸運兒都是「樂於幫助他人」、「受到神明眷顧」的人。

這就是他們的共同特徵。

事業有成的人當中，某位人士讓我不禁讚歎：「這個人一直都非常好運。」他曾經邀請我參加道德科學相關的集訓活動。

集訓活動裡，我分配到負責準備早餐的工作。一開始我很不滿爲什麼自己必須比

其他人提早二個小時起床張羅早餐。

接下來的集訓課程中，我學習到幫助他人的意義，試著調整自己的心態。隔天早上，我開心地爲大家準備早餐，不再把提早二個小時起床視爲一件苦差事。

我告訴自己，準備早餐也是幫助他人的一環。改變想法之後，不再厭惡原本不喜歡的工作，瞬間減輕許多壓力，愉悅的心情大幅提升工作效率。看著周遭人們開心享用早餐，自己也跟著雀躍不已，更加樂意爲大家服務。

這個經驗讓我明白，心存「幫助他人」的念頭，就能展開良性循環。這樣的心態不僅讓自己的工作加倍順利，也能獲得周遭人們給予更多協助。

幫助他人，神明就會樂於眷顧你的好運。

請各位讀者別忘了這個道理。

下坐行

前文提到我曾經擔任「大阪PHP之友協會」會長。每次例行會議開始之前，我都到會場附近的街道撿垃圾。

我在長約一公里的街道撿垃圾時，注意到一件事——**垃圾總是集中出現在某個特定地點**。

某個人率先丟了垃圾之後，其他人覺得把垃圾丟在這裡也無所謂，紛紛效法跟進，造成同一地點的垃圾越積越多。

若想減少街道上的垃圾，唯有盡快清除垃圾一途。街道一旦出現垃圾，那個地方很快就會吸引更多人亂丟垃圾。倘若街道上看不見垃圾的蹤影，人們就不敢亂丟垃圾。

紐約市政府將街道上的垃圾和菸蒂清除乾淨後，殺人等重大犯罪也隨之減少。

關鍵在於——

若想減少令人厭惡的事，一開始就要遏止任何些微的徵兆。

我開始撿拾街道上的垃圾之後，那裡的垃圾就減少了。果然越早清理的效果越好。

我之所以開始撿拾垃圾，是爲了實施下坐行。

下坐行是爲了培養品德，故意讓自己身處低劣環境的修行方法。挑戰各式各樣自己原本沒必要做的事、或一般人不願意做的事。

首先，明白從事這些一般人不願意做的事的人有多麼辛勞。

其次，對這些人升起感恩的心。

接下來，消除自己的傲慢自大，進而養成謙虛的態度。

這就是藉由下坐行培養品德的步驟。

我希望透過撿拾垃圾磨練自己的人格。

沒有人喜歡垃圾，也沒有人喜歡撿拾垃圾。假使沒有人願意從事大家都討厭的工作，環境就會持續髒污不堪。

與其等待其他人去做這些事，不如自己先動手實施。自己動手做了之後，才明白許多箇中滋味。

我開始撿拾垃圾之後，終於領悟到：「原來至今為止，都是無名英雄默默地維持街道清潔。」我希望藉由撿拾垃圾，向至今默默付出的人們報恩。

撿完垃圾，看著乾乾淨淨的街道，自己的心情也豁然開朗。我逐漸明白，撿拾垃圾其實是讓自己受益的道理。

創辦人過世之後，企業依然維持良好營運的原因

我目前在Ethos法律事務所工作。這間事務所由吉井昭弁律師創立。吉井律師是我的至交好友，我接受他的邀約加入這間事務所。

Ethos法律事務所的「Ethos」，是希臘文「倫理」之意。我常向客戶解釋：「我們向客戶投出好球，跟客戶一起提升好球率，所以我們叫愛投司。」我希望藉由雙關語讓客戶明白事務所名稱的意義，我如此解釋的用意也與吉井律師當初創辦的心意相同。

吉井律師懷著利他精神經營Ethos法律事務所，可惜的是，他於二〇一四年過世了。

對法律事務所來說，創辦人一旦過世，事務所立刻陷入經營不善的案例比比皆

是。坊間雖然出現「Ethos 早晚也會關門倒閉」的謠言，但吉井律師過世二年之後，事務所依舊屹立不搖。

事務所能夠在吉井律師過世之後維持良好營運至今，全靠著吉井律師遺留的利他精神爲營運方針所賜。

最明顯的例子是，事務所將門口一樓大廳設爲「Ethos Station」，做爲免費開放空間。Ethos 法律事務所出借位於面對大阪精華地段大馬路的四十坪大廳，提供一般民眾免費使用。

這是吉井律師提出的構想。

免費開放活動空間的目的，是想爲社會盡一份力量。我們免費提供活動空間已五年有餘，若單純只估算場地租借費用，已累積數千萬日幣收入。

吉井律師這麼做的用意，是爲了表明 Ethos 法律事務所不以追求利益爲宗旨。

我非常贊成這種精神，因而加入 Ethos 法律事務所。懷著為維護免費活動空間略盡棉薄之意的心情，也為了實踐自己的下坐行，自願每天打掃室內空間。

吉井律師去世後，Ethos 法律事務所傳承他的精神持續經營，延續免費提供活動空間的制度。我發現，這種做法為事務所的業績帶來非常正向的影響。

「你們還繼續免費開放活動空間呀！看來吉井律師去世之後，事務所的營運方針一貫不變呢！」

每位前來參加活動的民眾，立刻明白我們想傳遞的訊息。

「你們特地付房租租下這個場地，卻免費開放給一般民眾使用，你們想貢獻社會的心意果然不只是嘴上說說而已，這樣的法律事務所確實值得信賴！」

我們原本沒有這種意圖，卻讓民眾產生如此感受，也算是另類的廣告效果。

縱使吉井律師已經過世，靠著他遺愛人間的精神，Ethos 法律事務所得以繼續維持良好營運。

怪胎律師教你如何防止外遇

我似乎是個怪胎律師，經常被人說：「你這個律師還眞是不可思議！」被這麼說久了，我也發現自己確實與一般的律師不太一樣。

舉例來說，常有客戶向我諮詢「希望讓另一半停止外遇」。

離婚相關的諮詢當然是律師的工作之一。然而，來找我諮詢的內容往往是——

「我很煩惱老公外遇。但我不想離婚，請問您有什麼辦法讓老公停止外遇嗎？」

進行諮詢時，我一邊「嗯、嗯」出聲附和，一邊傾聽客戶訴說。我認爲這是理所當然的諮詢，自己也沒發覺哪裡不對勁。仔細想想，以律師的立場來看，還眞不尋常。

原因在於客戶宣稱「我不想離婚」。

既然不想離婚，便與離婚訴訟和損害求償沒有關係。律師的任務是爲客戶解決法律問題，如此一來，律師就派不上用場了。

沒想到，客戶前仆後繼向我求助「如何讓老公停止外遇」，我也順勢爲她們提供建議，看來我眞是個與眾不同的怪胎律師啊！

處理外遇的方法已經超出法律諮詢範圍，屬於生涯諮詢，早已不是律師的職責。我卻在不知不覺之間承攬這些業務。

某些來找我討論處理外遇方法的客戶表示：「我想，西中律師一定能提供不錯的建議。」在客戶的眼裡，我大概是包山包海的萬事通吧！

一開始，客戶確實因爲夫妻之間產生糾紛，爲了處理離婚問題向我諮詢。

這些案件大多因爲丈夫外遇，雙方進而考慮離婚。

面對這一類的諮詢，我都當作一般的法律案件來處裡。

首先確認丈夫確實外遇，掌握外遇的證據。

有時必須在這個階段對丈夫提出警告書：「已知悉您外遇的事實，並掌握下列確實的證據。勸您現在立刻懸崖勒馬停止外遇，否則將對您提告損害賠償。」

若丈夫收到警告之後依舊不肯停止外遇，便協議離婚；若丈夫拒絕協議離婚，就上法院進行離婚訴訟。

這是一般律師處理離婚訴訟的流程。

我卻採取截然不同的做法。

我告訴希望離婚的妻子：「離婚一點好處也沒有。走到離婚這一步之前，最好先設法讓丈夫停止外遇。」

許多客戶聽了便興致勃勃地說：「如果您有辦法，當然再好不過了！」

日積月累下來，客戶們似乎把向我諮詢如何停止外遇的生涯諮詢視爲理所當然：

「西中律師，請給我一些建議吧！」

同行的律師們也說：「特意把話題帶往無法賺錢的方向，你眞是個怪胎律師。」

老實說，律師的報酬來自於離婚訴訟和求償賠償金，倘若客戶不離婚，律師就賺不到錢。

但我抱持著「幫助夫妻感情破鏡重圓，紛爭圓滿落幕，讓大家皆大歡喜」的想法，爲客戶提供生涯諮詢。

畢竟大多數的離婚案例都是通往不幸人生的入口。

一旦進入官司訴訟，原本長年一起居住生活的人，便開始互相謾罵攻擊，搞得家庭烏煙瘴氣。

夫妻共同攜手生活的那些歲月一去不復返，在雙方的心靈留下巨大傷痕。

根據我的經驗，離婚屬於紛爭的一種，任何紛爭都毫無例外讓運勢走下坡。

有鑑於此，我才會力勸希望離婚的客戶三思而後行。

即使賺不到錢，**只要減少紛爭，幫助他人重拾幸福，也是一樁好事。**我對此感到心滿意足。

希望讓不賣座的畫家也能感到開心

我收藏很多畫作。

自從加入 Ethos 法律事務所之後，原本的事務所就成爲堆積物品的倉庫，也存放許多畫作。

其實我對於收藏畫作沒有特別的興趣，當然也不會暗自期待這些畫作未來會漲價。老實說，我既不特別喜愛繪畫，也不懂其中的奧妙。

既然如此，爲什麼我收藏這麼多畫作呢？因爲我經常收到朋友寄給我的畫展邀請函。收到邀請函卻不出席，總覺得對朋友過意不去。我受邀前往參觀的畫展之中，常有不知名畫家的個展。

無名畫家的個展即使展示許多畫作，大部份都賣不出去。我通常在個展的最後一天去參觀，看到絕大多數作品都沒有「已賣出」的標記，忍不住爲它們感到淒涼。舉辦個展的畫家一定也覺得很落寞吧！

思及至此，我便有股衝動想採取實際行動幫助畫家，於是掏錢買下價值大約數萬日幣的畫作。

我平時不打高爾夫球，不嗜好賭博，更沒興趣光顧高級酒店。由於沒有吃喝玩樂的嗜好，手邊多少有些儲蓄。

我心想，這些儲蓄**若能幫助其他人感到開心，也就值得了**。

如果一位畫家在個展上賣出十幅畫作，即使多賣出一幅畫，也只是錦上添花罷了。倘若一位畫家只能賣出一、二幅作品，我向他多買一幅畫，一定令他加倍開心。

我的處世原則之一，就是盡力做些使他人感到開心的事。對於繪畫沒興趣的我卻願意購買畫作，全是爲了讓無名畫家一展笑容。

雖然我不懂畫作，但世界上有許多人藉由欣賞繪畫來撫慰心靈。

如果我購買畫作的舉動激勵畫家，促使他推出更多優秀的作品，這些畫作一定能撫慰並鼓舞更多人的心靈。

古代的親鸞聖人曾說：「**令與自己有緣之人感到喜悅**。」

就是這個道理。

坦白說，我會有這樣的想法，是受到鍵山秀三郎先生的啓發。

鍵山先生搭乘計程車，向來不收司機找回的零錢。

「爲什麼不收下找回的錢呢？是爲了感謝司機嗎？」

鍵山先生笑著搖頭回答：「不是這樣的。」並向我說明他這麼做的原因。

客人不收找回的零錢，告訴司機：「請您留著吧！」這個舉動令司機心情愉悅。

司機懷著好心情開車，就會多加注意安全並減少交通事故，也會以親切態度對待下一位客人，降低與客人產生紛爭的機率。下一位客人懷著好心情搭車，司機的心情更加開朗愉快。

如此一來，計程車司機和每一位搭車的旅客都保持愉悅心情，就能降低交通意外、減少不幸事件。

「這才是我不收找回零錢的原因。」

鍵山先生這番話讓我恍然大悟，此後我開始效法他不收計程車司機找回的零錢。

我也懷著同樣的理念，向無名畫家購買畫作。

只要讓某個人感到開心，就能將這份喜悅不斷擴散傳遞給其他人，爲社會付出巨大的貢獻。

這也是提升運勢的方法之一。

良善的循環

某人一大早起床之後，主動清掃住家附近的垃圾。這個舉動連帶影響附近居民，紛紛效法他一起撿拾垃圾。不久之後，社區街道上就看不見垃圾的蹤跡。率先主動清掃垃圾的人，從此每天過著愉悅的生活。

這就是**良善的循環**。

藉由一件微小的善事，在周遭不斷擴散傳遞開來，這些善行帶來的嘉惠終將回饋到自己的身上。

運勢經常透過良善的循環不斷提升。

前文介紹過鍵山秀三郎先生不收計程車司機找錢，以及超市食品保存期限的故事，都是良善循環的眞實案例。我認爲鍵山先生的好運氣，來自於這些品德高尚行爲所開啓的良善循環。

只顧著追求眼前的利益，將使運勢下滑；爲群體著想所採取的行動，才能提升運勢。希望各位讀者能夠明白良善循環的意義。

請大家千萬別忘了，被利益蒙蔽雙眼將會招致厄運。

第六章重點整理

- 累積善行是改善運勢的好方法。
- 累積善行不是一件簡單的事。
- 累積在老天爺身邊的儲蓄越多，越能獲得老天爺的青睞。
- 幸運兒都是「樂於幫助他人」、「受到神明眷顧」的人。
- 垃圾總是集中出現在某個特定地點。
- 藉由下坐行培養品德。
- 免費開放活動空間的目的，是爲社會盡一份力。
- 幫助他人比領取報酬更重要。
- 令與自己有緣之人感到喜悅。
- 只要讓某個人感到開心，就能將這份喜悅不斷擴散傳遞給其他人，爲社會付出巨大的貢獻。
- 運勢經常透過良善的循環不斷提升。
- 只顧著追求眼前的利益，將使運勢下滑；爲群體著想所採取的行動，才能提升運勢，這就是良善循環的意義。

後記

非常感謝各位讀完本書。

自從出版我的第一本著作《資深律師用「不與人紛爭的生存守則」開拓人生康莊大道》（暫譯，原書名《ベテラン弁護士の「争わない生き方」が道を拓く》，二〇一五年，台灣未出版）之後，許多讀者紛紛要求我再寫一本書，來補充第一本著作的不足之處。本書就是回應讀者要求所撰寫的續作。

教育哲學家森信三教授曾說：「人的一生之間，一定會與命中注定的人相遇。相遇的時機將早一分太早、晚一分太晚般地恰到好處。」

我現在七十四歲，從事律師這一行近五十年。其間雖然遭遇各式各樣的困難，總是在不知不覺之間受到許多人的幫助，使我倖免於難。

回顧過去，我大概是世界上最幸運的人，促使我不斷思索提升運勢的原因。

本書若能成爲各位讀者的人生助力，就是最令我欣慰喜悅的事。希望大家都能過著幸福快樂的人生。

在此由衷感謝各方鼎力相助，才能使本書順利出版。

橡樹林文化 ❖❖ 衆生系列 ❖❖ 書目

JP0001	大寶法王傳奇	何謹◎著	200 元
JP0002X	當和尚遇到鑽石（增訂版）	麥可・羅區格西◎著	360 元
JP0003X	尋找上師	陳念萱◎著	200 元
JP0004	祈福 DIY	蔡春娉◎著	250 元
JP0006	遇見巴伽活佛	溫普林◎著	280 元
JP0009	當吉他手遇見禪	菲利浦・利夫・須藤◎著	220 元
JP0010	當牛仔褲遇見佛陀	蘇密・隆敦◎著	250 元
JP0011	心念的賽局	約瑟夫・帕蘭特◎著	250 元
JP0012	佛陀的女兒	艾美・史密特◎著	220 元
JP0013	師父笑呵呵	麻生佳花◎著	220 元
JP0014	菜鳥沙彌變高僧	盛宗永興◎著	220 元
JP0015	不要綁架自己	雪倫・薩爾茲堡◎著	240 元
JP0016	佛法帶著走	佛朗茲・梅蓋弗◎著	220 元
JP0018C	西藏心瑜伽	麥可・羅區格西◎著	250 元
JP0019	五智喇嘛彌伴傳奇	亞歷珊卓・大衛一尼爾◎著	280 元
JP0020	禪　兩刃相交	林谷芳◎著	260 元
JP0021	正念瑜伽	法蘭克・裘德・巴奇歐◎著	399 元
JP0022	原諒的禪修	傑克・康菲爾德◎著	250 元
JP0023	佛經語言初探	竺家寧◎著	280 元
JP0024	達賴喇嘛禪思 365	達賴喇嘛◎著	330 元
JP0025	佛教一本通	蓋瑞・賈許◎著	499 元
JP0026	星際大戰・佛部曲	馬修・波特林◎著	250 元
JP0027	全然接受這樣的我	塔拉・布萊克◎著	330 元
JP0028	寫給媽媽的佛法書	莎拉・娜塔莉◎著	300 元
JP0029	史上最大佛教護法一阿育王傳	德千汪莫◎著	230 元
JP0030	我想知道什麼是佛法	圖丹・卻淮◎著	280 元
JP0031	優雅的離去	蘇希拉・布萊克曼◎著	240 元
JP0032	另一種關係	滿亞法師◎著	250 元
JP0033	當禪師變成企業主	馬可・雷瑟◎著	320 元
JP0034	智慧 81	偉恩・戴爾博士◎著	380 元
JP0035	覺悟之眼看起落人生	金菩提禪師◎著	260 元
JP0036	貓咪塔羅算自己	陳念萱◎著	520 元
JP0037	聲音的治療力量	詹姆斯・唐傑婁◎著	280 元
JP0038	手術刀與靈魂	艾倫・翰彌頓◎著	320 元
JP0039	作為上師的妻子	黛安娜・J・木克坡◎著	450 元

JP0040	狐狸與白兔道晚安之處	庫特・約斯特勒◎著	280 元
JP0041	從心靈到細胞的療癒	喬思・慧麗・赫克◎著	260 元
JP0042	27% 的獲利奇蹟	蓋瑞・賀許伯格◎著	320 元
JP0043	你用對專注力了嗎？	萊斯・斐米博士◎著	280 元
JP0044	我心是金佛	大行大禪師◎著	280 元
JP0045	當和尚遇到鑽石 2	麥可・羅區格西◎等著	280 元
JP0046	雪域求法記	邢肅芝（洛桑珍珠）◎口述	420 元
JP0047	你的心是否也住著一隻黑狗？	馬修・約翰史東◎著	260 元
JP0048	西藏禪修書	克莉絲蒂・麥娜麗喇嘛◎著	300 元
JP0049	西藏心瑜伽 2	克莉絲蒂・麥娜麗喇嘛◎等著	300 元
JP0050	創作，是心靈療癒的旅程	茱莉亞・卡麥隆◎著	350 元
JP0051	擁抱黑狗	馬修・約翰史東◎著	280 元
JP0052	還在找藉口嗎？	偉恩・戴爾博士◎著	320 元
JP0053	愛情的吸引力法則	艾莉兒・福特◎著	280 元
JP0054	幸福的雪域宅男	原人◎著	350 元
JP0055	貓馬麻	阿義◎著	350 元
JP0056	看不見的人	中沢新一◎著	300 元
JP0057	內觀瑜伽	莎拉・鮑爾斯◎著	380 元
JP0058	29 個禮物	卡蜜・沃克◎著	300 元
JP0059	花仙療癒占卜卡	張元貞◎著	799 元
JP0060	與靈共存	詹姆斯・范普拉◎著	300 元
JP0061	我的巧克力人生	吳佩容◎著	300 元
JP0062	這樣玩，讓孩子更專注、更靈性	蘇珊・凱瑟・葛凌蘭◎著	350 元
JP0063	達賴喇嘛送給父母的幸福教養書	安娜・芭蓓蔻爾・史蒂文・李斯◎著	280 元
JP0064	我還沒準備說再見	布蕾克・諾爾＆帕蜜拉・D・布萊爾◎著	380 元
JP0065	記憶人人 hold 得住	喬許・佛爾◎著	360 元
JP0066	菩曼仁波切	林建成◎著	320 元
JP0067	下面那裡怎麼了？	莉莎・瑞金◎著	400 元
JP0068	極密聖境・仰桑貝瑪貴	邱常梵◎著	450 元
JP0069	停心	釋心道◎著	380 元
JP0070	聞盡	釋心道◎著	380 元
JP0071	如果你對現況感到倦怠……	威廉・懷克羅◎著	300 元
JP0072	希望之翼： 倖存的奇蹟，以及雨林與我的故事	茱莉安・柯普科◎著	380 元
JP0073	我的人生療癒旅程	鄧嚴◎著	260 元
JP0074	因果，怎麼一回事？	釋見介◎著	240 元
JP0075	皮克斯動畫師之紙上動畫《羅摩衍那》	桑傑・帕特爾◎著	720 元
JP0076	寫，就對了！	茱莉亞・卡麥隆◎著	380 元

JP0077	願力的財富	釋心道◎著	380 元
JP0078	當佛陀走進酒吧	羅卓・林茲勒◎著	350 元
JP0079	人聲，奇蹟的治癒力	伊凡・德・布奧恩◎著	380 元
JP0080	當和尚遇到鑽石 3	麥可・羅區格西◎著	400 元
JP0081	AKASH 阿喀許靜心 100	AKASH 阿喀許◎著	400 元
JP0082	世上是不是有神仙：生命與疾病的真相	樊馨蔓◎著	300 元
JP0083	生命不僅僅如此—辟穀記（上）	樊馨蔓◎著	320 元
JP0084	生命可以如此—辟穀記（下）	樊馨蔓◎著	420 元
JP0085	讓情緒自由	茱迪斯・歐洛芙◎著	420 元
JP0086	別癌無恙	李九如◎著	360 元
JP0087	甚麼樣的業力輪迴，造就現在的你	芭芭拉・馬丁&狄米崔・莫瑞提斯◎著	420 元
JP0088	我也有聰明數學腦：15 堂課激發被隱藏的競爭力	盧采嫻◎著	280 元
JP0089	與動物朋友心傳心	羅西娜・瑪利亞・阿爾克蒂◎著	320 元
JP0090	法國清新舒壓著色畫 50：繽紛花園	伊莎貝爾・熱志－梅納&紀絲蘭・史朵哈&克萊兒・摩荷爾－法帝歐◎著	350 元
JP0091	法國清新舒壓著色畫 50：療癒曼陀羅	伊莎貝爾・熱志－梅納&紀絲蘭・史朵哈&克萊兒・摩荷爾－法帝歐◎著	350 元
JP0092	風是我的母親	熊心、茉莉・拉肯◎著	350 元
JP0093	法國清新舒壓著色畫 50：幸福懷舊	伊莎貝爾・熱志－梅納&紀絲蘭・史朵哈&克萊兒・摩荷爾－法帝歐◎著	350 元
JP0094	走過倉央嘉措的傳奇：尋訪六世達賴喇嘛的童年和晚年，解開情詩活佛的生死之謎	邱常梵◎著	450 元
JP0095	【當和尚遇到鑽石 4】愛的業力法則：西藏的古老智慧，讓愛情心想事成	麥可・羅區格西◎著	450 元
JP0096	媽媽的公主病：活在母親陰影中的女兒，如何走出自我？	凱莉爾・麥克布萊德博士◎著	380 元
JP0097	法國清新舒壓著色畫 50：璀璨伊斯蘭	伊莎貝爾・熱志－梅納&紀絲蘭・史朵哈&克萊兒・摩荷爾－法帝歐◎著	350 元
JP0098	最美好的都在此刻：53 個創意、幽默、找回微笑生活的正念練習	珍・邱禪・貝斯醫生◎著	350 元
JP0099	愛，從呼吸開始吧！回到當下、讓心輕安的禪修之道	釋果峻◎著	300 元
JP0100	能量曼陀羅：彩繪內在寧靜小宇宙	保羅・霍伊斯坦、狄蒂・羅恩◎著	380 元
JP0101	爸媽何必太正經！幽默溝通，讓孩子正向、積極、有力量	南琦◎著	300 元
JP0102	舍利子，是甚麼？	洪宏◎著	320 元
JP0103	我隨上師轉山：蓮師聖地溯源朝聖	邱常梵◎著	460 元
JP0104	光之手：人體能量場療癒全書	芭芭拉・安・布藍能◎著	899 元

JP0105	在悲傷中還有光：失去珍愛的人事物，找回重新聯結的希望	尾角光美◎著	300 元
JP0106	法國清新舒壓著色畫 45：海底嘉年華	小姐們◎著	360 元
JP0108	用「自主學習」來翻轉教育！沒有課表、沒有分數的瑟谷學校	丹尼爾・格林伯格◎著	300 元
JP0109	Soppy 愛賴在一起	菲莉帕・賴斯◎著	300 元
JP0110	我嫁到不丹的幸福生活：一段愛與冒險的故事	琳達・黎明◎著	350 元
JP0111	TTouch® 神奇的毛小孩按摩術——狗狗篇	琳達・泰林頓瓊斯博士◎著	320 元
JP0112	戀瑜伽・愛素食：覺醒，從愛與不傷害開始	莎朗・嘉儂◎著	320 元
JP0113	TTouch® 神奇的毛小孩按摩術——貓貓篇	琳達・泰林頓瓊斯博士◎著	320 元
JP0114	給禪修者與久坐者的痠痛舒緩瑜伽	琴恩・厄爾邦◎著	380 元
JP0115	純植物・全食物：超過百道零壓力蔬食食譜，找回美好食物真滋味，心情、氣色閃亮亮	安潔拉・立頓◎著	680 元
JP0116	一碗粥的修行：從禪宗的飲食精神，體悟生命智慧的豐盛美好	吉村昇洋◎著	300 元
JP0117	綻放如花——巴哈花精靈性成長的教導	史岱方・波爾◎著	380 元
JP0118	貓星人的華麗狂想	馬喬・莎娜◎著	350 元
JP0119	直面生死的告白——一位曹洞宗禪師的出家緣由與說法	南直哉◎著	350 元
JP0120	OPEN MIND！房樹人繪畫心理學	一沙◎著	300 元
JP0121	不安的智慧	艾倫・W・沃茨◎著	280 元
JP0122	寫給媽媽的佛法書：不煩不憂照顧好自己與孩子	莎拉・娜塔莉◎著	320 元
JP0123	當和尚遇到鑽石 5：修行者的祕密花園	麥可・羅區格西◎著	320 元
JP0124	貓熊好療癒：這些年我們一起追的圓仔 ~~ 頭號「圓粉」私密日記大公開！	周咪咪◎著	340 元
JP0125	用血清素與眼淚消解壓力	有田秀穗◎著	300 元
JP0126	當勵志不再有效	金木水◎著	320 元
JP0127	特殊兒童瑜伽	索妮亞・蘇瑪◎著	380 元
JP0128	108 大拜式	JOYCE（翁憶珍）◎著	380 元
JP0129	修道士與商人的傳奇故事：經商中的每件事都是神聖之事	特里・費爾伯◎著	320 元
JP0130	靈氣實用手位法——西式靈氣系統創始者林忠次郎的療癒技術	林忠次郎、山口忠夫、法蘭克・阿加伐・彼得◎著	450 元
JP0131	你所不知道的養生迷思——治其病要先明其因，破解那些你還在信以為真的健康偏見！	曾培傑、陳創濤◎著	450 元
JP0132	貓僧人：有什麼好煩惱的喵～	御誕生寺（ごたんじょうじ）◎著	320 元

JP0133	昆達里尼瑜伽──永恆的力量之流	莎克蒂．帕瓦．考爾．卡爾薩◎著	599 元
JP0134	尋找第二佛陀．良美大師──探訪西藏象雄文化之旅	寧艷娟◎著	450 元
JP0135	聲音的治療力量：修復身心健康的咒語、唱誦與種子音	詹姆斯．唐傑婁◎著	300 元
JP0136	一大事因緣：韓國頂峰無無禪師的不二慈悲與智慧開示（特別收錄禪師台灣行腳對談）	頂峰無無禪師、天真法師、玄玄法師◎著	380 元

橡樹林文化 ❖❖ 成就者傳紀系列 ❖❖ 書目

JS0001	惹瓊巴傳	堪千創古仁波切◎著	260 元
JS0002	曼達拉娃佛母傳	喇嘛卻南、桑傑．康卓◎英譯	350 元
JS0003	伊喜．措嘉佛母傳	嘉華．蔣秋、南開．寧波◎伏藏書錄	400 元
JS0004	無畏金剛智光：怙主敦珠仁波切的生平與傳奇	堪布才旺．董嘉仁波切◎著	400 元
JS0005	珍稀寶庫──薩迦總巴創派宗師貢嘎南嘉傳	嘉敦．強秋旺嘉◎著	350 元
JS0006	帝洛巴傳	堪千創古仁波切◎著	260 元
JS0007	南懷瑾的最後 100 天	王國平◎著	380 元
JS0008	偉大的不丹傳奇．五大伏藏王之一貝瑪林巴之生平與伏藏教法	貝瑪林巴◎取藏	450 元
JS0009	噶舉三祖師：馬爾巴傳	堪千創古仁波切◎著	300 元
JS0010	噶舉三祖師：密勒日巴傳	堪千創古仁波切◎著	280 元
JS0011	噶舉三祖師：岡波巴傳	堪千創古仁波切◎著	280 元
JS0012	法界遍智全知法王──龍欽巴傳	蔣巴．麥堪哲．史都爾◎著	380 元
JS0013	藏傳佛法最受歡迎的聖者──瘋聖竹巴袞列傳奇生平與道歌	格西札浦根敦仁欽◎藏文彙編	380 元

橡樹林文化 ❖❖ 圖解佛學系列 ❖❖ 書目

JL0001	圖解西藏生死書	張宏實◎著	420 元
JL0002	圖解佛教八識	洪朝吉◎著	260 元

橡樹林文化 ❖❖ 善知識系列 ❖❖ 書目

JB0001	狂喜之後	傑克・康菲爾德◎著	380元
JB0002	抉擇未來	達賴喇嘛◎著	250元
JB0003	佛性的遊戲	舒亞・達斯喇嘛◎著	300元
JB0004	東方大日	邱陽・創巴仁波切◎著	300元
JB0005	幸福的修煉	達賴喇嘛◎著	230元
JB0006	與生命相約	一行禪師◎著	240元
JB0007	森林中的法語	阿姜查◎著	320元
JB0008	重讀釋迦牟尼	陳兵◎著	320元
JB0009	你可以不生氣	一行禪師◎著	230元
JB0010	禪修地圖	達賴喇嘛◎著	280元
JB0011	你可以不怕死	一行禪師◎著	250元
JB0012	平靜的第一堂課——觀呼吸	德寶法師 ◎著	260元
JB0013X	正念的奇蹟	一行禪師◎著	220元
JB0014X	觀照的奇蹟	一行禪師◎著	220元
JB0015	阿姜查的禪修世界——戒	阿姜查◎著	220元
JB0016	阿姜查的禪修世界——定	阿姜查◎著	250元
JB0017	阿姜查的禪修世界——慧	阿姜查◎著	230元
JB0018X	遠離四種執著	究給・企千仁波切◎著	280元
JB0019X	禪者的初心	鈴木俊隆◎著	220元
JB0020X	心的導引	薩姜・米龐仁波切◎著	240元
JB0021X	佛陀的聖弟子傳 1	向智長老◎著	240元
JB0022	佛陀的聖弟子傳 2	向智長老◎著	200元
JB0023	佛陀的聖弟子傳 3	向智長老◎著	200元
JB0024	佛陀的聖弟子傳 4	向智長老◎著	260元
JB0025	正念的四個練習	喜戒禪師◎著	260元
JB0026	遇見藥師佛	堪千創古仁波切◎著	270元
JB0027	見佛殺佛	一行禪師◎著	220元
JB0028	無常	阿姜查◎著	220元
JB0029	覺悟勇士	邱陽・創巴仁波切◎著	230元
JB0030	正念之道	向智長老◎著	280元

JB0031	師父——與阿姜查共處的歲月	保羅・布里特◎著	260 元
JB0032	統御你的世界	薩姜・米龐仁波切◎著	240 元
JB0033	親近釋迦牟尼佛	髻智比丘◎著	430 元
JB0034	藏傳佛教的第一堂課	卡盧仁波切◎著	300 元
JB0035	拙火之樂	圖敦・耶喜喇嘛◎著	280 元
JB0036	心與科學的交會	亞瑟・札炯克◎著	330 元
JB0037	你可以，愛	一行禪師◎著	220 元
JB0038	專注力	B・艾倫・華勒士◎著	250 元
JB0039X	輪迴的故事	堪欽慈誠羅珠◎著	270 元
JB0040	成佛的藍圖	堪千創古仁波切◎著	270 元
JB0041	事情並非總是如此	鈴木俊隆禪師◎著	240 元
JB0042	祈禱的力量	一行禪師◎著	250 元
JB0043	培養慈悲心	圖丹・卻准◎著	320 元
JB0044	當光亮照破黑暗	達賴喇嘛◎著	300 元
JB0045	覺照在當下	優婆夷　紀・那那蓉◎著	300 元
JB0046	大手印暨觀音儀軌修法	卡盧仁波切◎著	340 元
JB0047X	蔣貢康楚閉關手冊	蔣貢康楚羅卓泰耶◎著	260 元
JB0048	開始學習禪修	凱薩琳・麥唐諾◎著	300 元
JB0049	我可以這樣改變人生	堪布慈囊仁波切◎著	250 元
JB0050	不生氣的生活	W. 伐札梅諦◎著	250 元
JB0051	智慧明光：《心經》	堪布慈囊仁波切◎著	250 元
JB0052	一心走路	一行禪師◎著	280 元
JB0054	觀世音菩薩妙明教示	堪布慈囊仁波切◎著	350 元
JB0055	世界心精華寶	貝瑪仁增仁波切◎著	280 元
JB0056	到達心靈的彼岸	堪千・阿貝仁波切◎著	220 元
JB0057	慈心禪	慈濟瓦法師◎著	230 元
JB0058	慈悲與智見	達賴喇嘛◎著	320 元
JB0059	親愛的喇嘛梭巴	喇嘛梭巴仁波切◎著	320 元
JB0060	轉心	蔣康祖古仁波切◎著	260 元
JB0061	遇見上師之後	詹杜固仁波切◎著	320 元
JB0062	白話《菩提道次第廣論》	宗喀巴大師◎著	500 元
JB0063	離死之心	竹慶本樂仁波切◎著	400 元
JB0064	生命真正的力量	一行禪師◎著	280 元

JB0065	夢瑜伽與自然光的修習	南開諾布仁波切◎著	280 元
JB0066	實證佛教導論	呂真觀◎著	500 元
JB0067	最勇敢的女性菩薩——綠度母	堪布慈囊仁波切◎著	350 元
JB0068	建設淨土——《阿彌陀經》禪解	一行禪師◎著	240 元
JB0069	接觸大地一與佛陀的親密對話	一行禪師◎著	220 元
JB0070	安住於清淨自性中	達賴喇嘛◎著	480 元
JB0071/72	菩薩行的祕密【上下冊】	佛子希瓦拉◎著	799 元
JB0073	穿越六道輪迴之旅	德洛達娃多瑪◎著	280 元
JB0074	突破修道上的唯物	邱陽・創巴仁波切◎著	320 元
JB0075	生死的幻覺	白瑪格桑仁波切◎著	380 元
JB0076	如何修觀音	堪布慈囊仁波切◎著	260 元
JB0077	死亡的藝術	波卡仁波切◎著	250 元
JB0078	見之道	根松仁波切◎著	330 元
JB0079	彩虹丹青	祖古・烏金仁波切◎著	340 元
JB0080	我的極樂大願	卓千拉貢仁波切◎著	260 元
JB0081	再捻佛語妙花	祖古・烏金仁波切◎著	250 元
JB0082	進入禪定的第一堂課	德寶法師◎著	300 元
JB0083	藏傳密續的真相	圖敦・耶喜喇嘛◎著	300 元
JB0084	鮮活的覺性	堪千創古仁波切◎著	350 元
JB0085	本智光照	遍智　吉美林巴◎著	380 元
JB0086	普賢王如來祈願文	竹慶本樂仁波切◎著	320 元
JB0087	禪林風雨	果煜法師◎著	360 元
JB0088	不依執修之佛果	敦珠林巴◎著	320 元
JB0089	本智光照一功德寶藏論　密宗分講記	遍智　吉美林巴◎著	340 元
JB0090	三主要道論	堪布慈囊仁波切◎講解	280 元
JB0091	千手千眼觀音齋戒一紐涅的修持法	汪遷仁波切◎著	400 元
JB0092	回到家，我看見真心	一行禪師◎著	220 元
JB0093	愛對了	一行禪師◎著	260 元
JB0094	追求幸福的開始：薩迦法王教你如何修行	尊勝的薩迦法王◎著	300 元
JB0095	次第花開	希阿榮博堪布◎著	350 元
JB0096	楞嚴貫心	果煜法師◎著	380 元
JB0097	心安了，路就開了： 讓《佛說四十二章經》成為你人生的指引	釋悟因◎著	320 元

JB0098	修行不入迷宮	札丘傑仁波切◎著	320 元
JB0099	看自己的心，比看電影精彩	圖敦・耶喜喇嘛◎著	280 元
JB0100	自性光明——法界寶庫論	大遍智　龍欽巴尊者◎著	480 元
JB0101	穿透《心經》：原來，你以為的只是假象	柳道成法師◎著	380 元
JB0102	直顯心之奧秘：大圓滿無二性的殊勝口訣	祖古貝瑪・里沙仁波切◎著	500 元
JB0103	一行禪師講《金剛經》	一行禪師◎著	320 元
JB0104	金錢與權力能帶給你甚麼？ 一行禪師談生命真正的快樂	一行禪師◎著	300 元
JB0105	一行禪師談正念工作的奇蹟	一行禪師◎著	280 元
JB0106	大圓滿如幻休息論	大遍智　龍欽巴尊者◎著	320 元
JB0107	覺悟者的臨終贈言：《定日百法》	帕當巴桑傑大師◎著 堪布慈囊仁波切◎講述	300 元
JB0108	放過自己：揭開我執的騙局，找回心的自在	圖敦・耶喜喇嘛◎著	280 元
JB0109	快樂來自心	喇嘛梭巴仁波切◎著	280 元
JB0110	正覺之道・佛子行廣釋	根讓仁波切◎著	550 元
JB0111	中觀勝義諦	果煜法師◎著	500 元
JB0112	觀修藥師佛——祈請藥師佛，能解決你的困頓不安，感受身心療癒的奇蹟	堪千創古仁波切◎著	450 元
JB0113	與阿姜查共處的歲月	保羅・布里特◎著	300 元
JB0114	正念的四個練習	喜戒禪師◎著	300 元
JB0115	揭開身心的奧秘：阿毗達摩怎麼說？	善戒禪師◎著	420 元
JB0116	一行禪師講《阿彌陀經》	一行禪師◎著	260 元
JB0117	一生吉祥的三十八個祕訣	四明智廣◎著	350 元
JB0118	狂智	邱陽創巴仁波切◎著	380 元
JB0119	療癒身心的十種想—— 兼行「止禪」與「觀禪」的實用指引， 醫治無明、洞見無常的妙方	德寶法師◎著	320 元
JB0120	覺醒的明光	堪祖蘇南給稱仁波切◎著	350 元
JB0122	正念的奇蹟（電影封面紀念版）	一行禪師◎著	250 元
JB0123	一行禪師　心如一畝田：唯識 50 頌	一行禪師◎著	360 元

衆生系列　JP0137

運勢決定人生——

執業50年、見識上萬客戶　資深律師告訴你翻轉命運的智慧心法

1万人の人生を見たベテラン弁護士が教える「運の良くなる生き方」

作　　者／西中　務
譯　　者／洪玉珊
責任編輯／游璧如
業　　務／顏宏紋

總　編　輯／張嘉芳
出　　版／橡樹林文化
城邦文化事業股份有限公司
104台北市民生東路二段141號5樓
電話：(02)2500-7696　傳眞：(02)2500-1951
發　　行／英屬蓋曼群島商家庭傳媒股份有限公司城邦分公司
104台北市中山區民生東路二段141號2樓
客服服務專線：(02)25007718；25001991
24小時傳眞專線：(02)25001990；25001991
服務時間：週一至週五上午09:30～12:00；下午13:30～17:00
劃撥帳號：19863813　戶名：書虫股份有限公司
讀者服務信箱：service@readingclub.com.tw
香港發行所／城邦（香港）出版集團有限公司
香港灣仔駱克道193號東超商業中心1樓
電話：(852)25086231　傳眞：(852)25789337
Email: hkcite@biznetvigator.com
馬新發行所／城邦（馬新）出版集團【Cité (M) Sdn.Bhd. (458372 U)】
41, Jalan Radin Anum, Bandar Baru Sri Petaling,
57000 Kuala Lumpur, Malaysia.
電話：(603) 90578822　傳眞：(603) 90576622
Email：cite@cite.com.my

內文排版／歐陽碧智
封面設計／走路花工作室、兩棵酸梅
印　　刷／韋懋實業有限公司

初版一刷／2018年2月
初版二刷／2021年4月
ISBN／978-986-5613-65-5
定價／350元

城邦讀書花園
www.cite.com.tw

國家圖書館出版品預行編目（CIP）資料

運勢決定人生——執業50年、見識上萬客戶資深律師告訴你翻轉命運的智慧心法／西中務作；洪玉珊譯. -- 初版. -- 臺北市：橡樹林文化，城邦文化出版：家庭傳媒城邦分公司發行，2018.02
面；　公分. --（衆生；JP0137）
ISBN 978-986-5613-65-5（平裝）

1. 生活指導　2. 成功法

177.2　　107001231

廣　告　回　函
北區郵政管理局登記證
北 台 字 第 10158 號

郵資已付　免貼郵票

104 台北市中山區民生東路二段 141 號 5 樓

城邦文化事業股份有限公司

橡樹林出版事業部　收

請沿虛線剪下對折裝訂寄回，謝謝！

|橡|樹|林|

書名：運勢決定人生——

執業 50 年、見識上萬客戶　資深律師告訴你翻轉命運的智慧心法

書號：JP0137

橡樹林文化

讀者回函卡

感謝您對橡樹林出版社之支持，請將您的建議提供給我們參考與改進；請別忘了給我們一些鼓勵，我們會更加努力，出版好書與您結緣。

姓名：＿＿＿＿＿＿＿＿ □女 □男 生日：西元＿＿＿＿＿＿年

Email：＿＿＿＿＿＿＿＿＿＿＿＿＿＿＿＿

● 您從何處知道此書？

□書店 □書訊 □書評 □報紙 □廣播 □網路 □廣告 DM

□親友介紹 □橡樹林電子報 □其他＿＿＿＿＿＿

● 您以何種方式購買本書？

□誠品書店 □誠品網路書店 □金石堂書店 □金石堂網路書店

□博客來網路書店 □其他＿＿＿＿＿＿

● 您希望我們未來出版哪一種主題的書？（可複選）

□佛法生活應用 □教理 □實修法門介紹 □大師開示 □大師傳記

□佛教圖解百科 □其他＿＿＿＿＿＿

● 您對本書的建議：

＿＿＿＿＿＿＿＿＿＿＿＿＿＿＿＿

＿＿＿＿＿＿＿＿＿＿＿＿＿＿＿＿

＿＿＿＿＿＿＿＿＿＿＿＿＿＿＿＿

非常感謝您提供基本資料，基於行銷及客戶管理或其他合於營業登記項目或章程所定業務需要之目的，家庭傳媒集團（即英屬蓋曼群商家庭傳媒股分有限公司城邦分公司、城邦文化事業股分有限公司、書虫股分有限公司、墨刻出版股分有限公司、城邦原創股分有限公司）於本集團之營運期間及地區內，將不定期以 MAIL 訊息發送方式，利用您的個人資料於提供讀者產品相關之消費與活動訊息，如您有依照個資法第三條或其他需服務之務，得致電本公司客服。

我已經完全了解左述內容，並同意本人資料依上述範圍內使用。

＿＿＿＿＿＿＿＿＿＿（簽名）

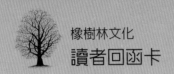